들키고 싶은 남미 일기

프로 계획러, 무계획으로 남미에 발을 내딛다

들키고 싶은 남미 일기

초판 1쇄 발행 2018년 2월 26일
초판 2쇄 발행 2018년 12월 21일

지은이   김다영
발행인   안유석
출판본부장   김형준
편 집   전유진
표지디자인   박무선
펴낸곳   처음북스, 처음북스는 (주)처음네트웍스의 임프린트입니다.

출판등록 2011년 1월 12일 제 2011-000009호
전화 070-7018-8812 팩스 02-6280-3032
이메일 cheombooks@cheom.net

홈페이지 cheombooks.net 페이스북 /cheombooks
트위터 @cheombooks
ISBN 979-11-7022-141-8 03950

들키고 싶은 남미 일기

프로 계획러, 무계획으로 남미에 발을 내딛다

김다영 지음

처음북스

프롤로그

제1부
떠나다. 여행에 적응하는 일

1. 콜롬비아

2. 에콰도르

3. 페루

4. 볼리비아

제2부
머물다. 여행과 일상의 경계

5. 아르헨티나

제3부
함께하다. 여럿이 만드는 여행

제4부
돌아가다. 여행의 끝자락에서

프롤로그

정말로 가는 거 맞지?

남미는 항상 지구 밖 행성처럼 멀게 느껴지는 대륙이었다. 전공이
자 애정하는 학문인 지리학을 배울 때도 남미에 관한 설명은 굉장
히 간단하고 포괄적이어서 부록 같은 느낌으로 지나치곤 했었다.
그러다 우연히 읽은 여행 에세이에서 남미라는 부록의 본론을 만났
다. 남미에는 날 것 그대로의 자연이 있고, 지진이나 화산폭발이 빈
번한 살아있는 땅이 있었다. 3000미터 높이에서 살아가는 사람이
있고, 누구도 예측할 수 없는 여정이 이어졌다. 지구 반대편에서 날
아온 신선한 충격은 지극히 평범한 사람이면서도 끔찍하게 평범함
을 싫어하는 나의 취향을 저격했다. 이후로 입버릇처럼 남미에 가

고 싶다고 말하고 다녔다. 서점에 가면 늘 여행 코너에 들러 남미 책을 들쳐보고, 남미에 눈을 뜨게 만들어 준 작가와 만나는 '저자와의 대화'도 참여하는 등 '남미'라는 주제만 나오면 무조건 들여다보곤 했다. 하지만 그 무게는 실오라기처럼 가벼워 허공에서 맴돌 뿐, '언제, 어떻게, 얼마나'라는 뚜렷한 목표의식 같은 건 없었다.

대학교 3학년이 되자 여행은 고사하고 내 몸 하나도 챙기기 어려운 하루하루가 이어졌다. 전공 공부와 함께 교직이수를 하느라 꽉 찬 수업도 버거운데다 부학회장, 연구실 보조, 영어 공부, 운동, 항공사 서포터즈에 친구 관계까지 벌린 일이 정말 많았다. 게다가 생활비와 학비 때문에 시간을 쪼개 알바도 해야 했다. 친구들은 취직 준비를 하느라 자격증을 따고 진로를 정하고 있는데 나는 그저 하고 싶은 것만 하고 있다는 생각에 마음마저 불안했다. 돌이켜 생각해보면 욕심이 참 많았지만, 다시 돌아가도 뭐 하나 놓칠 수 없는 것이긴 하다. 새벽 다섯 시에 잠들어 아침 일곱 시에 일어나는 일이 부지기수인 생활이 쌓여갈수록 나는 활활 타다가 곧 꺼져버릴 성냥처럼 위태로웠다. 어찌어찌 2학기 중간고사를 마쳐갈 쯤, 같은 수업을 듣는 언니와 교수님의 눈을 피해 공책에 필담으로 수다를 떨다 또 습관처럼 말했다.

아, 수업 듣기 싫다...... 남미 가고 싶어....... 언니, 나랑 남미 안 갈래?
안 그래도 방학 때 어디 갈지 고민 중이었는데, 진짜 갈까?

흥분한 나는 수업이 끝나고 "진짜 가는 거지?" 하며 재차 확인했다. 어딘가를 가고 싶어 1학년 때부터 꼬박꼬박 모아둔 300만 원과 이모가 돌아가시며 남겨주신 딱 그만큼의 장학금 덕에 바로 비행기 표를 끊을 수 있었다. 잡을 수 없을 것 같던 꿈은 항공권 한 장으로 순식간에 현실이 되었다.

새로운 도전을 결심하다

출국일이 한 달 반 정도 남은 어느 날, 언니가 사정이 생겨 못 간다는 소식을 전해왔다. 함께 여행하기로 했을 때는 눈치도 많이 보고 남이 불편할까 봐 정작 내가 좋아하는 것 하나 제대로 못하는 나 때문에 여행을 망칠까 싶어 두려워했는데, 혼자 하려니 이것대로 두려움이 몰려왔다. 혼자서 해외여행을 해본 적이 없을뿐더러 영어도 버거운데 스페인어를 사용하는 남미에서 혼자 잘할 수 있으리라는 확신이 서지 않았다.

대신 신경 쓰던 부분이 줄어들면서 마음의 여유가 생겼다. 마음의 여유가 생기니 꽁꽁 묶여 있던 실타래의 끝을 찾은 듯 고민이 술술 풀려나갔다. 우선 머리를 쥐어짜며 고민하던 휴학을 결심했다. 그것도 1년이나. 그랬더니 시간의 여유가 생겨났다. 시간의 여유가 생겼다는 것은 남미에서 몸과 머리가 시키는 대로 떠돌 수 있는 자유가 생겼다는 말과 같았다. 또 그 말은 계획이랄 게 필요 없다는 의미기도 했다. 이전에 무계획 여행은 시도조차 한 적 없지만 남미와 딱 어울리는 여행 스타일이기에 도전해볼 만하다는 용기가 생겼다. 좋았어! 오로지 여행을 하려고 모은 통장잔고가 0이 될 때까지 떠돌다 오자는 다짐을 했다. 하지만 마지막 고민인 여행공부에서 잠시 주춤했다. 나는 여행이든 학과에서 가는 답사든 상관없이 떠나기 전 미리 공부하고 두둑한 답사 자료집을 만들었다. 그리고 현지에서 이를 확인하거나 탐구하고 돌아와 답사보고서를 작성하며 여행을 정리하곤 했는데, 남미 여행도 같은 방법으로 풀어나가야 할지 고민이 됐다. 며칠간 망설인 끝에 이번 여행에서는 학술적인 압박을 내려놓기로 했다. 그 시간에 좀 더 순수하게 현지인과 소통하고, 자연을 한 몸에 품고, 마음으로 대화하며 새로운 날들을 만들어 가는 것이 훨씬 값지리라는 확신에서였다.

뭉쳐 있던 실타래가 모두 풀어져 하나의 선이 된 실을 차근히 살펴보니 모든 게 새로운 도전이었다. 남미라는 미지의 세계도, 혼자서 하는 여행도, 무계획 여행도, 장기여행도, 공부하지 않고 떠나는 여행도 처음이라 두려웠지만 처음이라 설레었다.

떠날 준비를 하며

남미에서는 아무 계획도 없이 다니려 했지만 그러려면 한국에서의 준비가 중요했다. 우선 학기가 끝나자마자 단기 여행 스페인어 워크숍을 등록했다. 때때로 엄습해오는 불안감을 줄이려면 생존 스페인어 정도는 익혀야 할 것 같아서였다. 그리고 남은 3주 동안은 준비에 필요한 이런저런 계획을 짰다. 체력보강을 위한 운동, 예방접종, 여행자보험, 가방, 옷, 비상약, 살 것, 살 것, 살 것……. 할 것보다는 살 것이 훨씬 많았다. 계획은 거창했지만 일주일에 한 번 스페인어 수업을 듣는 날과 황열병 예방 접종을 맞은 후 3일을 제외하고는 친구들과 아주 많이 작별의 술자리를 갖고, 친척들을 만나며 시간을 보냈다.

이제 본격적으로 준비를 해볼까 하고 마음을 먹었을 때는 이미 출국이 이틀 앞으로 다가와 있었다. 허겁지겁 트레킹화와 바람막이 점퍼를 사고 밤을 새워 나와 한국을 소개할 여행자 명함을 만들었다. 언제 올지도, 살아 돌아올지도 모르는데 언니가 갖고 싶은 거 사줘야 한다며 동생이 무심한 척 결제해준 한복도 도착했다. 여행을 얼마나 가기에 가방이 부족하냐던 아빠도 언제 돌아올지 모른다는 말에 75리터짜리 배낭을 선물했다. 이번 여행이 나뿐 아니라 우리 가족에게도 큰 도전으로 다가오는 것 같았다.

드디어 출국 날, 손에 쥔 것이 3일치의 첫 숙소 예약과 내 키만 한 배낭뿐. 정말 이래도 되나 싶을 정도로 대책 없이 남미를 맞이할 준비를 마쳤다.

들키고 싶은 남미 일기

어리숙하고 노하우도 없는 초보 배낭여행자가 혼자 떠난 남미. 정리하다 보니 지나온 하루하루가 일상 같기도 하고 소설 같기도 하다. 아름답고, 행복하고, 사랑스러운 것은 여행의 몫이고 쓸쓸하고, 급박하고, 답답한 것은 일상의 몫이라 생각한 경계가 무너지고, 여행과 일상이 공존하는 순간순간을 맞이했다. 그런 남미의 순간을 모두와 나누고 싶어 이렇게 일기를 펼친다. 피곤한 출근길, 지겨운 등굣길이라는 여행에서 언제든 이 책을 펼쳐 일상 속에서도 남미를 여행하는 기분을 만끽하면 좋겠다.

*일러두기: 스페인어 고유의 발음을 살리고자 부분적으로 표준 외래어 표기법에 따르지 않는 지명이 있습니다.

제1부
떠나다. 여행에 적응하는 일

1. 콜롬비아

랜딩

보고타까지 30분 정도 남았으며 이제 랜딩 준비를 하니 벨트를 매달라는 방송이 나왔다. 떨리는 마음에 곧장 창문을 열어 밖을 확인한 순간…… 복잡 미묘한 마음에 눈물이 차올랐다.

구름을 헤치며 보이기 시작한 공중도시 보고타.

금방이라도 떨어질 듯 아슬아슬한 절벽을 지나 엄마 같은 산이 안고 있는 넓은 분지, 사람들이 가꾸어 놓은 땅, 상쾌할 것만 같은 공기.

동시에 내 입에는 미소가 떠나지 않았다.

콜롬비아에서는 사람, 언어, 문화, 음식 그리고 나에게 적응하면서 시간을 보냈다.

처음이라서 오는 설렘, 낯섦, 서투름을 거쳐 익숙함을 만들어갔다.

'당연하다'라는 틀을 깨면서 '자유로움'이라는 빛을 찾았다.

X의 도시 보고타^{Bogota}?

호스텔에 짐을 풀고 나니 진짜 한국을 떠나온 기분이 들었다. 낯선 잠자리, 낯선 언어, 낯선 사람들, 낯선 화장실까지 낯설고 새로운 것으로 가득했다. 이틀 동안 비행기에서 묵은 몸을 씻고 장을 보려고 나설 준비를 했다. 여행 전부터 보고타는 위험한 곳이라는 소리를 하도 많이 들어 핸드폰과 카메라를 몇 번이나 들었다 놨다 반복했다. 가져갈 것인가 말 것인가……. 결국 돈과 휴대폰만 점퍼 안주머니 깊숙이 쑤셔 넣었다.

두 개나 되는 호스텔 잠금장치를 풀고 거리로 나왔다. 집들은 알록달록 하니 예쁘장했지만 역시 문에는 많게는 세 개씩 보안장치가 달려 있었다. 창문도 철창으로 이중, 삼중 경비를 갖추어 놓았다. 도로 곳곳에는 경찰들이 입마개를 한 커다란 개를 끌고 다니고, 전깃줄에는 신발이 묶여 있기도 했다(전깃줄에 묶인 신발은 마약을 거래하는 장소를 의미한다고 한다).

'정말 위험하긴 한가 보네!'

온몸에 느껴지는 싸늘함을 무시할 수 없어 촉각을 곤두세우고 길을 걸었다. 순간 싸늘함보다 강한 무언가가 내 코와 발끝을 자극했다.

개! 똥!

대체 지금 길 위를 걷는 건지 화장실을 걷는 건지, 도로에는 개똥 천지였다! 그것도 커다란 개들이 싸놓은 커다란 똥. 우리나라의 도

둑고양이처럼 여기서는 커다란 개들이 거리를 활보하고 다녔다. 강아지라고 표현하기엔 좀 무리가 있는 정말 큰 개들이었다. 길에 떡하니 누워 있는 놈이 있는가 하면 갑자기 달리는 놈, 컹컹 짖는 놈, 무리지어 다니는 놈들도 있고, 어떤 놈들은 처음 맡아보는 사람의 냄새라는 듯이 내 뒤를 졸졸 따라다니면서 킁킁거렸고, 종종 뒤에서 치고 지나가기도 했다. 길 한가운데에 딱 멈춰서 툭 튀어나오는 욕을 삼키고 다시 걷기를 반복. 그렇게 몇 번을 당하고도 개들이 나를 치고 지나갈 때마다 놀라고, 놀라고 또 놀랐다. 누가 뭐래도 이 순간만큼은 강도보다 개가 더 무서웠다.

이놈의 개자식……!

아침

새벽 다섯 시.

시차 때문에 자연스레 떠진 눈을 비비며 호스텔 옥상에 올랐다. 내려다본 2600미터 높이의 고산도시 보고타의 거리는 고요함 그 자체.

거리를 가득 채운 매연과 밤새 술집에서 피어오른 마리화나 냄새가 숨을 턱턱 막곤 하지만 도시를 껴안은 분지와 하늘을 덮은 구름이 엄마가 안아주는 것처럼 마음을 포근하게 녹였다.

1층 부엌에서는 주인 아주머니가 양초를 들고 부지런히 투숙객들이 마실 모닝커피를 내렸다. 따뜻한 커피를 잔에 따르고 준비된 빵과 함께 하루를 시작했다.

보고타에 머물던 매일 아침에, 부에노스 디아즈Buenos diaz(좋은 아침)!

안녕! 콜롬비아노 Hola! Colombiano

콜롬비아 사람들을 처음 마주했을 때는 이국적인 모습이 어색하고 신기하기만 했다. 유달리 높은 콧대, 커다란 눈, 쌍꺼풀은 또 어찌 그리도 짙을 수 있는지. 허나 이곳에서 며칠 지내다 보니 검은 머리카락과 고동색 눈동자가 주는 친숙한 인상이 금세 푸근하게 다가왔다.

　건조하고 쌀쌀한 가을 날씨, 왼편에 있는 운전석, 꽉 막힌 도로, 콩나물시루처럼 가득 찬 마을버스, 슈퍼에 진열된 과일과 채소도 우리의 것과 크게 다르지 않았다. 아이들은 엄마의 손을 잡고 아이스크림을 사먹고, 학생들은 책 한 권씩 팔에 끼고 등교하고, 점심시간이 되면 회사원들은 저렴한 식당에 몰렸다.

　하지만 그들에게 나는 작고 길게 찢어진 눈을 가진 신기한 동양인이자 지구 반대편에서 온 구경거리였다. 바라보는 시선이 뜨겁다 못해 따가워 선글라스를 꼭 끼고 다녀할 지경이었다(선글라스를 끼면 그나마 덜 쳐다봤다). 시선이 느껴지는 쪽을 바라보면 사람들은 언제 그랬냐는 듯 살갑고 수줍은 미소로 손을 흔들며 "Hola! China(안녕, 중국인!)"라고 인사했다. 처음엔 괜히 China라는 말이 기분 나쁘게 들려 "Soy Coreana(나 한국인이야)"라고 정정하곤 했다. 하지만 그것이 친해지고 싶은 관심의 표현이라는 것을 깨달은 후에는 나도 같이 신나게 인사했다.

　"Hola(안녕)!"

그들이 베푸는 친절함에 마음으로 수없이 울기도 했다. 그들에게 여행자란 '우리나라를 잘 모르는 이방인'이었다. 그렇기에 이 나라에 빠삭한 우리가 여행자를 도와주어야 한다는 생각을 공공연하게 가지고 있는 듯 했다. 지도를 펼치면 어김없이 다가오고, 정류장에서 헤매고 있으면 친절하게 안내해주고, 택시비가 없어 밤길을 걸어가려 하니 위험하다며 주머니에 있는 돈을 탈탈 털어 보태주기도 했다. 도대체 누가 콜롬비아가 위험하기로 악명 높다고 소문냈을까? 이 말 때문에 모든 사람을 의심의 눈초리로 바라본 하루하루가 아까울 따름이다.

누군가가 내게 콜롬비아가 어떻냐고 묻는다면? 사람들의 넘치는 정과 관심에 취할지도 모르는 곳이라고 말해줄 거다.

처음이라서

여행에도 스타일이 있다. 여행 전에 모든 일정과 비용을 계산하고 그에 맞춰 여행하는 '프로 계획러'가 있는가 하면 그저 마음이 끌리는 대로 다니는 방랑자 스타일도 있다.

나는 원래 프로 계획러다. 첫 배낭여행인 내일로 기차여행을 준비하면서 기차 시간은 물론 지역마다 가는 법과 꼭 봐야 하는 것, 맛집, 숙소까지 완벽하게 계획했다. 내 일정을 따라오다 지친 친구들이 "우리 이제 천천히 여행하자"라고 했을 때 "그래"라고 대답은 했

Sancocho

Cazuela de Frijoles

Ajiaco Santafereño

Bandeja Paisa

Spaguetti

Dulces y postres Típicos

지만, 그게 무엇인지 잘 몰랐기에 결국 친구들은 골병의 길로 접어들었다.

그런 내가 무계획 여행이라니.

일단 검색과 완벽의 강박에서 벗어나는 일부터 시작했다. 생각날 때만 가끔씩 후기를 찾아보며 나라별로 꼭 보고 싶고, 하고 싶은 것만 다이어리에 적었다. 동선도 차편도 알아보지 않기로 했다. 대신 저녁시간을 활용해 스페인어를 배우러 다녔다(사실 그마저도 숫자 세기와 발음, 알파벳 읽기 정도만 익히고 끝나버렸다). 아무리 그래도 처음은 불안하니까 그나마 한국인이 많이 묵는다는 곳으로 2일치 숙소를 예약해두었다.

그렇게 날아온 콜롬비아 보고타. 한국인이 많이 묵는다는 숙소답게 투숙객 대부분이 한국인 여행자였다. 나는 "제가 이런 여행은 처음이라서 그러는데~"라며 사람들에게 계속해서 정보를 얻고 공항에서 만난 친구 혜민이에게도 도움을 받았다. 새로운 사람이 올 때마다, 궁금한 게 생길 때마다 묻고 또 물었다. 그런데 사람들이 서서히 입을 닫는 것이 느껴졌다. 왜 그런지 도통 이해가 가지 않았다.

그러던 중 숙소에 새로 온 여행자가 혜민이에게 이것저것 묻고 난 다음 그 이유를 알았다. 방에 들어온 혜민이는 "저렇게 내가 열심히 찾아 놓은 정보만 쏙쏙 빼가고 자기는 입 닫는 사람들 좀 그렇다"라고 말했다.

순간 정곡을 찔린 기분이 들었다. 정보는 오갔을 때 가치가 있지 일방적이면 피해였다. 나는 대가 없이 타인의 노력을 취득하는 못

된 짓을 범하고 있었다.

아! 이건 무계획이 아니라 무책임이었다. 무계획은 처음이라는 핑계로 내 여행에 대한 책임을 다하지 않고 있었다. 가고 싶은 곳을 열심히 찾아보고 내 형편에 맞춰 좀 더 싸고 질 좋은 방법을 모색하는 것도, 앞으로의 일정을 조정하는 것도 여행에 대한 책임이자 예의였다. 이렇게 넋 놓고 방관할 일이 아니었다. 게다가 무계획은 무책임을 너머 무기력을 가져오고 있었다. 보고타에서 흘려보낸 4일의 시간이 이를 증명했다.

당장 노트북과 다이어리를 펼쳐 무계획의 정의를 다시 세웠다. 충분히 즐기고, 가고 싶은 곳이 생기면 언제든 바꿀 수 있도록 일정은 정하지 않되, 도시를 기준으로 커다란 이동방향을 잡았다. 그리고 당장 내일 보고타를 떠나기로 했다. 도움의 손길을 끊고 스스로 만들어나가기로 다짐했다.

다시는 무계획이 무기력이 되지 않도록, 내 여행에 책임을 다할 수 있도록.

네가 원한다면

이제 정말 혼자가 되었다. 마음을 단단히 먹고 혼자 만들어갈 파란만장한 이야기를 기대하며 열 시간을 달려 메데진Medellin에 도착했다.

그런데 버스에서 내리자마자 옆 버스에서 익숙한 얼굴 둘이 내렸다.

"다영아!"

"어? 언니? 오빠?"

보고타에서 만난 사람들을 우연히 만난 것이다. 이 만남은 그다지 달갑지 않았다. 드디어 혼자가 되었다는 부푼 마음에 찬물이 끼얹어진 듯했다. 거기에 두 사람은 숙소를 따로 정하지 않아 내가 미리 봐둔 곳에 같이 묵었다.

마음이 복잡했다. 나에게 "여기 뭐 좋은 거 있대?", "갈 만한 곳 있나?"라고 물을 때마다 '같이 가자고 하면 어쩌지?'라는 걱정이 머릿속을 휘저었다. 흔쾌히 얘기해주는 척했지만 유치하게도 정말 혼자 가고 싶던 동네의 이름은 끝끝내 입 밖으로 내지 않았다.

결국 다음 날 다 같이 센트로Centro 구경을 나섰다. 함께 미술가 보테로의 전시를 관람하고 로컬 식당에서 밥을 먹고, 시장을 돌아다니며 구경하다가 숙소로 돌아왔다. 두 사람이 불편한 것도 아니고 심지어 재미도 있었지만 마냥 행복하지만은 않았다. 장을 봐서 숙소 부엌에서 함께 저녁을 만들어 먹고 나니 자연스레 술자리로 이어졌고, 대화는 내일 일정 이야기로 흘렀다. 그 때 언니가 나를 쳐다보며 이야기를 꺼냈다.

"다영아, 네가 원한다면 혼자 가도 돼. 우리한테 미안할 필요 전혀 없어. 다들 혼자 여행하고 싶은 곳이 있으면 그렇게 흩어져. 다른 사람은 신경 쓰지 말고 네가 하고 싶은 대로 여행하면 되는 거야."

언제부터였는지, 어디서부터였는지 기억조차 못한 채 잃어버린 물건을 찾은 것만 같았다. 나는 왜 만나면 당연히 함께 해야 한다고 생각했을까? 왜 혼자이고 싶다는 말이 그렇게 어려웠을까? 왜 그들은 영문도 모른 채 나에게 미움을 받고 있어야 했을까? 주변을 챙기는 게 너무나도 익숙하고 당연해서, 싫은 소리는 절대 하고 싶지 않아서 마음을 감추던 습관이 나의 목소리를 완전히 묻어놓고 있었다. 그 묻혀버린 목소리에 먼저 귀 기울이고 꺼내준 언니에게 고맙고 미안한 마음이 물밀듯 밀려왔다.

다음 날 아침. 잘 다녀오라는 배웅을 받으며 먼저 숙소를 나섰다.

하늘은 맑고, 나무는 푸르고, 바람은 시원했다.

내가 원해서 혼자가 되었으니까.

- 피에드라 델 페뇰: 한 발씩 나아가면

두 사람에게 차마 말하지 못한 그곳은 바로 구아타페Guatape라는 마을이다. 인터넷 검색을 하다가 우연히 발견한 고즈넉한 분위기와 멋진 풍경 사진에 압도당해 버렸다.

메데진에서 미니버스를 타고 두어 시간 달려야 갈 수 있는 구아타페는 큰 인공호수를 품은 마을이었다. 콜롬비아 사람들이 휴양이나 요양을 하러 찾아오는 동네답게 차창 밖으로 리조트나 별장이 많이 보였다. 마을로 바로 가지 않고 중간에 버스를 세우고 내렸다.

언덕위에 홀로 우뚝이 솟은 피에드라 델 페뇰Piedra del Penol에 들를 생각이었기 때문이다. 거창해 보이지만 '페뇰 마을의 돌'이라는 단순한 뜻이다. 이 거대한 암석의 정상에 올라서면 노트북 화면에서 본 그 풍경을 볼 수 있다고 했다.

정상에 오르려면 가파른 경사를 따라 돌을 꿰매듯 세운 계단 740개를 올라야 한다. 언제 오르나 싶던 언덕이었는데, 계단을 하나하나 오를 때마다 커지는 숨소리보다 더 커지는 호수가 나를 단숨에 정상으로 이끌었다. 정상에서 한 번 더 건물 안쪽의 계단을 따라 전망대까지 올라갔다. 전망대에서도 가장 높은 곳에 올라 찬찬히 몸을 돌렸다. 시선이 닿는 곳마다 같은 듯 다른 아름다운 호수가 파노라마를 이뤘다. 화면으로 본 풍경은 빙산의 일각일 뿐이었다. 정교하게 만든 밀푀유 나베처럼 섬들이 이루는 겹겹의 열이 장관이었다. 인공호수라기보다 헬기를 타고 아마존 강 하구를 보고 있는 것 같은 착각이 들기도 했다. 다시 천천히 서너 바퀴, 카메라에는 담기지 않을 그 각기 다른 모습을 눈에 가득 담고서야 내려올 수 있었다.

전망대에서도 가장 높은 곳에 올라 찬찬히 몸을 돌렸다.

시선이 닿는 곳마다 같은 듯 다른 아름다운 호수가 파노라마를 이뤘다.

- 작은 엠빠나다

때로는 작은 먹거리가 동네의 기억을 진하게 만든다. 끈질기게 달라붙는 택시도 버스도 타지 않고 시원한 바람을 실컷 가르며 피에드라 델 페뇰에서 구아타페까지 걸었다. 철지난 크리스마스 장식을 지나 마을에 들어서자 꽃의 도시라는 별명답게 처마마다 화분이 걸려 있고, 집들은 알록달록한 페인트 옷을 입고 있었다. 묘하게 진한 파스텔 색을 띠는 그 옷들은 촌스러운 것 같으면서도 점점 동화속에 들어온 것처럼 나를 빠져들게 만들었다. 단체로 몰려온 관광객들이 안 보일 때까지 동네 안쪽으로 걷다가 주민들이 모여 있는 가게를 하나 발견했다. 하얀 가운을 입은 아주머니가 우리나라의 튀김만두쯤 되는 엠빠나다Empanada를 팔고, 사람들은 저마다의 취향에 따라 소스를 뿌려 먹고 있었다. 손님들과 아주머니의 추천을 받아 치즈가 든 엠빠나다 하나를 주문했다.

금방 튀긴 손가락 두 마디 크기의 작은 엠빠나다를 베어 물었다. 한 입. 기름기가 좔좔 흐르고 바삭한 피. 이어서 한 입. 쭈~욱 늘어나는 치즈가 노곤한 몸을 달래주었다. 하나 더 사들고 돌아가는 길, 입 속을 따뜻하게 적시는 엠빠나다가 이 동네를 더 사랑스럽게 만들었다.

– 산 아래

구아파테에서 메데진으로 돌아오니 해가 저물었다. 이곳은 낮보다 밤이 아름다운 도시. 사람들은 음악과 흥에 취하고, 술에 취하고, 분위기에 취하며 뜨거워진다. 나는 달궈진 도시를 잠시 뒤로 하고 조용히 야경에 취하기로 했다.

신기하게도 일부 메트로가 케이블카여서 비싼 돈을 들이지 않고도 훌륭한 야경을 즐길 수 있었다. 퇴근하는 주민들 사이에 앉아 형광등 하나 없는 어두운 케이블카를 타고 천천히 뜨거운 도시를 벗어났다. 어느 정도 올라갔다 싶은 역에서 내려 반대편 산이 잘 보이는 난간에 몸을 기댔다.

밤의 메데진은 커다란 크리스마스 트리 같았다. 골목골목을 비추는 주홍색 가로등 불빛이 산 위에서 여러 개의 부채꼴을 그리며 흘렀다. 정상에서부터 좌악 쏟아져 내려오는 불빛 하나하나가 별처럼 반짝였다. 행복했던 오늘 하루를 마감하기 딱 좋은 풍경이었다.

이번에는 몸을 구부려 바로 아래에 보이는 골목을 찬찬히 살폈다. 운동하는 아이들, 수레를 끌고 어딘가로 향하는 미화원, 하나 둘 불이 켜지는 집들. 메데진의 속살을 훔쳐보고 있는 듯 했다. '이 높은 곳에는 누가 살고 있을까? 우리나라 달동네가 그렇듯 살아가려고 싼 땅을 찾아 오르고 오를 수밖에 없었던 사람들이 살고 있을까?' 낮에 본 여유로운 모습, 밤에 취해 흐느적거리는 모습과 사뭇 다른 속살에 갑자기 마음이 숙연해졌다. 케이블카를 타려고 서 있던 사람들의 긴 행렬, 어두운 케이블카 안에서 슬쩍 비치던 사람들의 무표정한 얼굴도 오버랩됐다.

'나는 그동안 이렇게 치열하게 산 적이 있었나' 하는 의문이 들기 시작했다. 생각할수록 부끄러운 마음에 오래 서 있을 수 없었다. 찬 바람이 얼굴을 스치고, 부끄러운 마음을 안은 채 바로 오는 케이블카를 타고 내려왔다.

엄마의 시차 적응

"잘 다녀와. 자주 연락 남기고!"

부모님께서는 어려서부터 우리 자매의 의견이나 하고 싶은 것을 존중해주셨다. 이번 여행에도 역시 반대나 참견이랄 것이 없었다. 그저 조심히 잘 다녀오라고, 재미있게 놀다오라고 응원해주실 뿐이었다.

　　그럼에도 나는 조금의 걱정도 끼치기 싫은 전형적인 큰 딸이라 최소한의 연락은 하면서 지내려 노력했다. 잘 도착했다고, 지금은 어디에 있다고, 인터넷이 원활한 곳에서는 생전 안 하던 영상통화도 종종 했다. 한국을 떠나온 지 일주일 정도 지난 어느 날이었다. "잘 다녀서 다행이야"라는 엄마의 말 뒤로 "엄마가 네 걱정에 잠도 못 자고 술도 마신다"며 빨리 돌아오라는 아빠의 장난 섞인 목소리가 이어졌다. 그래서 나도 끝내 시차 적응을 엄마가 하고 있느냐며 더 씩씩한 웃음을 지어보였다.

　　전화가 끊긴 후, 미안함과 고마움에 눈두덩이가 뜨거워진 채 휴대폰을 붙잡고 있었다.

　　한국에 있을 때는 밤이 늦어도 전화하지 않고, 눈 오는 날이면 위험하니 그냥 학교에서 자고 오라던 엄마였다. 혼자 남미를 간다고 해도 큰 반응이 없었기에 걱정을 담당하는 엄마의 신경 세포는 활동하지 않는 줄 알았다. 그런 엄마가 밤잠을 설친다니. 마음이 아팠다. 흐를 것 같은 눈물을 겨우겨우 삼켰는데도 이미 넘쳐버린 눈물은 막을 수 없었다. 수화기를 들어 미안하다고, 고맙다고 말하고 싶었지만 그럼 더 속상해할 것을 알기에 꾹 참아냈다.

　　이제는 알 것 같다. 우리 부모님의 걱정 세포는 활동하지 않는 것이 아니라 '걱정하지 않는 기술'을 연마하고 있다는 것을. 그동안 나의 여행과 외박과 만취는 원래의 기술로 충분했지만, 지구 반대편에 혼자 딸을 보내는 건 부모님에게도 큰 도전이었고 적응의 시간이 필요했다는 것을 말이다. 이 지면을 빌려 그때 못한(그리고 지금도 잘 못하는) 말을 전하고 싶다.

"엄마, 아빠, 고마워. 그리고 사랑해!"

한글을 선물하는 일

콜롬비아를 떠나는 버스터미널에서 개구쟁이 남매를 만났다. 엄마가 갓 태어난 막내 동생을 보살피는 동안 여섯 살 누나는 세 살짜리 남동생을 살뜰히 챙겼다. 누나의 호통에도 불구하고 남동생은 행위예술가라도 되는 듯 누운 채로 바닥을 종횡무진 휘젓고 다녔다.

한국에 있는 동생이 생각나 흐뭇하게 보고 있는데 남동생이 벌떡 일어나더니 나를 보고 "china~ china~"하면서 뛰어다니기 시작했다. 내가 "No, Coreana~ Mi nombre dayoung(아니야, 한국인이고, 내 이름은 다영이야)"이라고 대꾸를 해줘도 개구진 남동생은 "china~"라며 또다시 바닥에 드러누웠다. 막내 아기를 돌보는 어머니가 곤란한 표정을 지어보여도 아이는 관심 밖이었다.

마침 목에 매고 있던 카메라가 생각났다. 카메라를 들어 사진 찍는 시늉을 했더니 어느새 누나 손을 잡고 내 옆으로 다가왔다. 뷰파

인더로 보이는 아이들의 눈망울은 초롱초롱했고 입가에는 수줍은 미소를 띠고 있었다. 누나는 남동생을 와락 끌어안기도 하고 아끼는 디즈니 가방을 들어 보이면서 한껏 뽐도 냈다. 남동생도 덩달아 웃긴 표정을 지어보였다. 찍은 사진을 보여주니 스스로 만족했는지 엄마에게 쪼르르 달려가 자랑을 했다. 귀엽긴.

　아이들을 보니 본능적으로 뭔가 주고 싶어졌지만 남은 돈을 긁어 버스표를 산 뒤라 가진 돈도, 간식거리도 없었다. 대신 가방에 있던 다이어리를 꺼내 빈 부분을 쭉 찢고 아이들을 불러 이름을 물었다. 내 스페인어 실력은 아이의 어눌한 말투까지 알아듣기엔 역부족이었기에 다이어리를 톡톡 치며 "여기에 이름을 써줄래?"라고 손짓했다. 누나가 고사리 손으로 자기 이름을 하나하나 적어나갔다. 여섯 살 어린아이답게 뒤집힌 'e'자와 알 수 없는 필기체의 알파벳을 적었다. 하는 수 없이 들리는 대로 한글로 이름을 적어나갔다.

세 키 라 ♡ Coreana dayoung 다영

　매일 일기를 쓰며 휘갈기던 한글인데, 이번에는 한 획마다 정성을 가득 담았다. 내가 쓸 수 있는 가장 예쁜 글씨가 종이 위에 적혔다. 아마도 태어나 처음 보는 한국어라는 그림을 손으로 짚어가며 미소 짓는 아이를 보니 덩달아 행복해졌다.

　언젠가는, 아마도 조금 빨리 이 종이는 먼지와 함께 방 안을 굴러다닐지도 모르겠다. 그래도 우연히 종이를 펴봤을 때, 그날 터미널

에서 함께 시간을 보낸 한국인을 떠올리며 잠깐이나마 기분이 좋아졌으면 좋겠다. 지금 우연히 펼친 다이어리에 아이가 적어준 이름이 보이니 그때의 행복함이 재생되듯이 말이다.

가져가면 좋을 선물

여행을 하다가 내가 가져갈 기념품을 사기도 하지만 내가 누군가에게 선물이나 기념품을 줄 일도 생기곤 한다. 주로 길에서 만난 아이들과 친해졌을 때나 호스텔에서 대화하면서 이야기를 공유할 때가 그렇다.

1. 한글

가장 강력한 무기는 바로 '한글'이다. 못 쓰는 글씨가 없는 한글의 장점 덕에 언어의 장벽을 간단히 허물고 알파벳으로는 줄 수 없는 독특함을 선사할 수 있다. 게다가 준비나 시간, 비용을 따로 들이지 않아도 펜과 종이만 있으면 언제 어디서든 마음을 표현할 수 있기에 여행자에게 최적화된 선물이다. 한 자, 한 자 정성을 담아 꾹꾹 눌러쓴 상대방의 이름은 서로에게 작지만 큰 행복을 선사해준다.

2. 천 원짜리 지폐

많이 가져가지는 못하고, 빳빳한 신권 열 장을 미리 챙겼다. 그리고 여행에서 진한 추억을 함께 나눈 친구에게 헤어지기 전 이 지폐에 짤막한 쪽지를 써서 전해주곤 했다. 한 번은 아르헨티나 우수아이아에서 만난 크로아티아 친구가 자국 지폐에 답장을 써준 적도 있다. 그 친구와 교환한 이 돈은 꼭 서로의 나라에서 만나자는 약속의 증표로 남았다.

3. 여행자 명함

나를 소개할 때 쓰거나 잠깐 만난 인연도 오랫동안 이어질 수 있도록 여행자 명함을 만들어 갔다. 한 면에는 한복을 입고 찍은 내 사진과 함께 SNS계정, 이메일 주소 등 정보를 적고, 다른 면에는 친한 사진가 오빠에게 제공 받은 항아리, 한옥, 고무신 등의 한국 고유의 정취

가 묻어나는 사진을 넣었다. 선물이라기에는 애매한 구석이 있지만 우리나라를 소개하고 추억을 오래 간직하도록 하는 좋은 방법이다.

2. 에콰도르

국경을 넘다

메데진에서 버스를 타고 남쪽으로 하루를 꼬박 달려 도착한 콜롬비아의 국경도시 이피알레스Epiales. 콜롬비아 건물에서 출국 도장을 찍고 다리를 건너다 보면 에콰도르에 도착한다. 짝꿍이 책상에 그어놓은 선처럼 어려우면서도 쉽게 넘어갈 수 있는 국경에 벅차기도 하고 시시하기도 한 오묘한 감정이 올라온다.

물들어

에콰도르의 국경도시 툴칸Tulcan에서 수도 키토Quito로 가는 길목에는 인디헤나(원주민)의 마을 오타발로Otavalo가 있다.

　보통 여행자에게 오타발로는 토요일 새벽마다 열리는 가축시장을 보려고 잠깐 들르거나 때로는 건너뛰기도 하는 마을이다. 하지만 나는 여기야말로 '진짜 남미의 모습이 담긴 곳'이라 생각했기에 한국에 있을 때부터 궁금해했다.

　아침 일곱 시. 아직 새벽의 여운이 남은 아침이다. 호스텔 근처 성당 계단 앞에서 과일 파는 아주머니들을 만났다. 5분만 더 걸어가면 큰 시장이 있지만 작은 바구니에 잘 골라 담은 과일들이 탐스러워 그냥 지나칠 수 없었다. 수북이 쌓은 체리가 단 돈 1달러. 에콰도르가 적도에 가까운 만큼 그곳의 과일은 타고난 당도를 자랑한다더니 가격까지 저렴했다. 검은 봉지에 담긴 체리를 한 알씩 꺼내먹으며 산책을 이어갔다.

여덟 시 반이 되니 학생들이 하나 둘 등교한다. 이미 도착한 아이들은 학교 담장에 쪼르르 매달려 노점상 아주머니와 은밀한 거래를 하고 있었다. 꽤 높은 담장 위아래로 아침밥과 돈이 오고갔다. 익살스러운 표정을 지으며 아이들에게 카메라를 들이대니 까르르 웃어 버린다. 중학생일 때 학생지도부 선생님 몰래 학교 담장 너머에 있는 분식점 아주머니와 은밀한 거래를 하던 일이 새록새록 기억났다. 조리되는 동안 담장에서 살짝 떨어져 딴짓을 하는 척하다가 타이밍 맞춰 빠르게 간식을 사서 맛있게 먹는 재미가 있었는데, 역시 이런 쫄깃함은 만국 공통이었다. 시간이 조금 지나니 지각을 코앞에 둔 아이들이 교문을 향해 전력질주로 달려왔다. 갓 일어나 퉁퉁부은 얼굴과 부스스한 머리를 보니 확실히 지각생 티가 팍팍 난다. 아침밥 거래는 부지런한 아이들의 특권이었나 보다.

오전에는 마을을 어슬렁거렸다. 인디헤나들은 손재주가 참 좋아 곳곳에서 공예품을 찾아볼 수 있다. 알파카의 털에서 뽑아낸 실로 만든 직물이나 동물 가죽으로 만든 물건들도 많다. 가축시장이 열리는 토요일이면 폰초 광장을 기준으로 동네 전체에 큰 장이 서는데, 이 날은 볼 것이 더 풍성해진다. 형형색색의 드림캐처, 팔찌, 전통 옷가지뿐만 아니라 공산품까지 각종 물건이 다 모인다. 점점 기성복을 입는 사람들이 많아지면서 현대의상으로 가득한 골목도 있지만 여전히 흔하게 볼 수 있는 전통 복장을 한 사람들이 오타발로의 매력을 지키고 있다.

슬슬 배가 고프다 싶었는데, 역시 열두 시다. 솔솔 풍겨오는 음식

냄새를 따라 시장 안쪽 음식좌판 거리로 들어갔다. 줄지어 선 수레마다 통째로 튀긴 돼지가 입을 떡 벌린 채 철판 위에 누워 있었다. 자리를 잡고 앉으니 아주머니가 부위별로 살과 껍데기를 골고루 뜯어 접시에 올렸다. 거기에 각종 야채, 콩 그리고 밥을 함께 담고 따뜻한 소스를 빙 둘러 부었다. 내 앞에 놓인 푸짐한 흰 접시가 단돈 2달러밖에 안 됐다. 현지인들과 인사를 나누며 먹는 저렴한 점심밥으로 배도 정도 가득 채웠다.

밥을 먹은 후 자리를 옮겨 중앙광장으로 향했다. 우연히 광장이 잘 보이는 작은 커피숍 데일리 그라인드daily grind를 발견했다. 커피를 주문하자 인디헤나 특유의 진한 인상을 가진 바리스타가 능숙하게 거품 가득한 카푸치노 한 잔을 내놓았다. 어쩐지 더 맛있을 것 같은 기분. 한 모금 마시자마자 영국인 주인 아주머니가 영어로 말을 걸어왔다. 오타발로가 마음에 들어 이곳에 자리를 잡았다는 아주머니는 나와 말이 아주 잘 통했다. 특히 핑퐁게임 하듯 오타발로가 좋은 이유를 서로 열거할 때는 행복한 표정까지 묻어나왔다. 이 핑퐁게임의 승자는 옆에서 뿌듯하게 웃고 있던 인디헤나 바리스타였다.

뜨겁게 타오르던 태양이 기세를 꺾은 오후 네 시에는 광장의 사람들 사이에 앉아 따뜻해진 햇살을 맞았다. 여유롭다. 몸의 온도가 조금씩 올라가는 것이 느껴지니 잠까지 솔솔 온다. 한국에 있을 때는 햇살의 따뜻함이 이렇게 좋은 줄 몰랐다. 추우면 추위를 피해, 더우면 더위를 피해 카페로, 건물로 피신하면 그만이었다. 나뿐만 아니라 대부분이 그러니 카페는 늘 만원이다. 그러나 이곳 사람들은

자연스럽게 광장으로 모인다. 마음에 드는 곳을 골라 앉아 각자의 방식으로 여유로운 시간을 보낸다. 마을에 마음 편히 몸을 누일 공간이 있다는 것, 그리고 그곳에서 시간을 보낸다는 것은 생소하지만 너무나 부러운 삶의 방식이다. 이 순간, 맥주 한 캔을 딱 들이켜고 싶은데, 남미의 몇몇 국가들은 광장에서 술을 금지하기에 혹시나 싶어 참았다.

해가 지고 다시 배꼽시계가 울렸다. 낮에 다녀온 폰초 광장으로 돌아가 보니 야시장이 환하게 열렸다. 기름 냄새와 고기 냄새, 뜨거운 열기가 공기를 가득 메웠다. 꼬치구이, 바비큐, 밥 등 종류도 다양하다. 한 가게당 메뉴는 하나씩. 여기저기를 기웃거리다 사람들이 가장 많이 몰려 있는 집에서 음식을 시켰다. 철판구이와 계란, 감자, 야채가 어우러져 냄새도 좋고 탄수화물, 단백질, 지방, 식이섬유 영양도 골고루 갖춘 플레이트가 준비됐다. 혼자 있지만 함께 테이블에 앉아 음식을 즐기는 사람들 덕에 외롭지 않았다.

직접 느껴본 오타발로는 '주인이 주인답게 살고 있는 동네'였다. 큰 도시에서는 사람을 피해 숨어 다니던 인디헤나가 이곳에서는 여유와 자유로움을 뿜어내며 살아가고 있었다. 여기에 깨끗한 거리와 잘 지켜지는 질서가 주는 평화로움은 덤. 정갈하게 땋은 인디헤나의 검고 긴 머리 그리고 고동빛 눈동자에서 오는 친근함, 의자가 있는데도 굳이 광장 잔디에 누워 시간을 보내는 여유로움, 곳곳에서 뛰어다니는 아이들의 웃음소리, 이방인에게 큰 신경을 쓰지 않고 각자의 삶에 열중하는 모습에 나는 자연스레 오타발로에 물들어 버렸다.

00°00′00″

가로로 약간 찌그러진 타원을 하나 그린다. 한 가운데에 가로줄을 그어 원을 절반으로 나눈다. 줄의 위쪽은 우리가 사는 북반구, 아래쪽은 대륙보다 바다가 더 많은 남반구다. 고등학교 3년, 대학교 3년. 지리를 좋아하고 전공하던 6년 내내 지구본을 그릴 때면 맨 처음 굿던 한 줄. 나에게 적도라는 그 줄 위에 서는 날이 왔다. 남반구도 북반구도 아닌 딱 중앙 00°00′00″. 이름부터 적도라는 뜻을 가진 에콰도르, 그리고 적도가 지나는 에콰도르의 수도 키토는 하루의 길이도 딱 반반이었다. 아침 여섯 시에 떠오른 해는 열두 시쯤에는 머리 위에서 강렬히 내리쬐다가 저녁 여섯 시가 되면 뉘엿뉘엿 진다. 태양의 고도도 가장 높은 곳이어서 한낮에는 어찌나 뜨거운지 땅이 펄펄 끓었다. 모자를 쓰지 않고 돌아다니던 나는 두피에 화상을 입어 잠을 설치고 피부가 까지기까지 했다. 그래도 키토는 고산도시라 동남아의 적도와 다르게 습하거나 스콜이 내리는 일이 없었다. 오히려 건조한 상태에서 그늘과 그렇지 않은 곳의 온도차가 생겨 바람이 솔솔 불어왔다.

　적도의 도시답게 시내에서 조금 떨어진 곳에 적도 박물관과 적도 탑이 있었다. 사실 두 곳 모두 정확히 0에 수렴하는 위치는 아니라고 한다. 그래도 적도 영향권에 속한 장소이니만큼 찾아가 보기로 했다. 적도 탑은 멀리서만 보고 적도이기 때문에 나타나는 현상을 직접 체험할 수 있다는 인티 냔 박물관 Intinan museo 으로 향했다.

야외에 있는 박물관에 들어서자마자 보이는 바닥의 빨간 줄이 바로 적도선이었다. 모든 실험은 이 적도 선을 기준으로 이루어졌다.

첫 번째는 물이 흐르는 방향을 관찰하는 실험. 쉽게말해 '남반구에서는 북반구와는 반대로 변기물이 흘러내려간나'던 과학책의 설명을 두 눈으로 확인할 수 있는 기회였다. 변기통 대신 준비된 싱크대에 물을 받고 나뭇잎을 띄운 뒤 수챗구멍을 열었을 때 물이 내려가는 방향을 확인하는 체험이다. 이론에 따르면 지구가 자전하며 생기는 전향력에 의해 북반구와 남반구에서 각각 반시계 방향과 시계방향으로 물이 내려가고 적도에서는 전향력이 최소가 되어 수직으로 빠져나간다. 사실 전향력은 이렇게 작은 규모에서 적용되는 힘이 아니라고 기억하고 있지만, 역시 이럴 때는 순수해져야 더 재미있다. 가이드의 설명에 따라 적도에서, 남반구, 북반구로 5미터 정도씩 떨어져서 실험을 했는데, 정말 물의 방향이 바뀌었다. 어떤 수를 썼는지 정말 전향력의 영향인지 확인할 수 없는 것이 이 실험의 흥미 포인트였다.

다음은 적도선 위를 걷는 실험. "적도 위에서는 양쪽이 각각 다른 방향의 자전의 힘을 받아 균형 잡기나 힘쓰기가 어렵다고 한다"는 가이드의 설명에 관람객들은 "에이 설마"를 외쳤다. 가이드는 어깨를 으쓱해 보이더니 그럼 한 번 도전해 보란다. 한 외국인 친구가 눈을 감고 적도 위를 걸었다. 잘 걷는가 싶더니 이내 한쪽으로 쏠려버렸다. 적도 위에 서서 가이드가 당겼을 때 맥없이 쓰러지기도 했다.

Ecuador in the middle of the world
LATITUDE: 00° 00′ 00″
calculated with G.P.S.

반대로 북반구나 남반구로 이동했을 때는 무리 없이 모든 걸 해냈다. 가이드는 '거봐~ 맞지?'라는 표정으로 우리를 쳐다봤고 이쯤 되니 믿지 않고선 베길 수 없어 보였다.

마지막 실험은 계란 세우기. 적도에서는 중력의 힘만 받으므로 균형 잡기가 쉬워 달걀을 세울 수 있다고 한다. 앞선 실험을 생각했을 때 어딘가 이해가 가지 않지만 계란을 세운 사람에 한해 여권에 적도 방문 도장을 찍어준다는 가이드의 말에 너도 나도 계란 세우기에 열을 올렸다. 다들 한 번에 성공하고 인증사진을 찍는 사이 나에게는 몇 번의 실패가 이어졌다. 마지막까지 남아 부들부들 떨리는 손과 흐트러지는 눈을 잘 달래고, 숨을 작게 쉬어가며 달걀을 못 위에 올렸다. 드디어 성공! 여권에 적도를 지났다는 도장이 박혔다.

이제 적도를 지났으니 본격적으로 지구 반대편으로 들어섰다.

'지구 반대편'.

이 단어만으로도 기분이 설렜다. 왠지 적도를 넘어 걸어가다 보면 몸의 위아래가 바뀌고 내장기관도 반대로 운동할 것 같은 엉뚱하지만 즐거운 상상도 머릿속을 가득 채웠다. '0'이라는 숫자가 주는 느낌 때문일까? 2주 가까이 여행을 해왔지만 또 다른 여행을 시작하는 기분이 들었다. 앞으로 지구 반대편에서 만날 새로운 사람, 독특한 향기, 눈앞에 펼쳐질 자연과 하늘까지. 첫 여행을 준비하던 그때의 호기심, 궁금증과 기대감 그리고 단단한 마음가짐을 다시금 되새겨 본다.

적도의 또 다른 모습을 찾아

눈을 감고 적도를 떠올려본다. 한낮에 대차게 내리는 스콜, 우거진 밀림, 습한 공기와 내리쬐는 태양이 그려진다. 모든 적도가 같은 모습일거라는 생각은 키토에서 무너졌다. 이곳 키토는 구름이 가득할 뿐 비가 잘 내리지 않고 오히려 꽤 건조하기까지 하다. 그리고 일교차가 굉장히 커서 낮에는 반팔, 저녁에는 걸칠 옷이 없으면 쌀쌀하다. 아마도 이곳의 위치가 2800미터의 고산지대인데다가 안데스 산맥의 동쪽에 위치하기 때문에 태평양에서 불어오는 습한 공기가 닿지 않기 때문일 것이다.

그렇다면 안데스 산맥 서쪽의 적도는 어떤 모습일까? 호기심이 발동했다. 채 풀지 않은 가방을 다시 둘러메고 안데스 산맥의 서쪽 고산도시 푸에르토 키토Puerto Quito로 향했다.

도시를 벗어난 버스는 안데스 산길을 따라 서쪽으로 내려갔다. 얼마 내려가지 않았을 때 고도계를 켜보니 예전에 간 백두산보다 조금 낮은 고도를 지나고 있었다. 분명 백두산 천지로 가는 길에는 사방에 이끼와 돌뿐이었는데, 이곳에는 우거진 숲이 있었다. 고도가 낮아질수록 풍경은 더욱 푸르러졌다. 1600미터 정도로 여전히 해발고도가 높은 축에 속하는 지역인데도 길과 하천을 따라 오순도순 이루어진 마을과 산비탈을 잘 가꾸어 만든 밭을 볼 수 있었다. 주민들은 소, 닭, 염소 등의 가축과 더불어 춥고 건조한 곳에서는 살 수 없다는 돼지까지 기르고 있었다. 적도이기에 이렇게 높은 고도라도 기후가 온화하고 사람들이 살아가기 좋은 환경이 만들어졌을 것이다. 지리학에서 말하는 고산기후와 상춘기후가 바로 이런 모습이었다니. 막연하게 상상하던 모습이 눈앞에 펼쳐져 이동하는 내내 지루할 틈이 없었다.

해발고도 1000미터 이하 지점으로 진입하자 급격하게 공기가 습해졌다. 땀방울이 이마와 등을 타고 주르륵 흘렀다. 버스에 올라탄 상인들은 하나같이 "Helado~(아이스크림)"을 외쳐댔다. 땀이 엉덩이까지 내려왔을 때쯤 목적지인 푸에르토 키토에 도착했다.

이곳의 해발고도는 약 160미터. 버스에서 내리자마자 숨을 턱턱 막아버리는 뜨거운 공기가 덮쳤다. 바람 한 점 불지 않고 헤엄쳐야 할듯 습하기까지 했다. 길가에는 동남아에서 보던 삼륜택시 툭툭도 돌아다녔다. 이쯤 되면 툭툭이 열대를 상징한다 해도 과언이 아닐 듯했다. 땀으로 검게 젖어가는 옷을 퍼덕이며 미리 예약해둔 카카오 농장으로 걸음을 옮겼다.

안데스 산맥 서쪽의 적도를 느끼려고 선택한 방법은 바로, 먹기! 궁금증도 풀고, 그렇게 맛있다는 열대과일도 먹는 일석이조의 기회였다.

짐을 풀자마자 검게 그을린 피부의 농장주인 가브리엘이 한손에 낫처럼 생긴 커다란 과도를 들고 나타났다. 부드러운 눈매가 아니었으면 생명의 위협을 느낄 뻔했다. 가브리엘과 그의 아내의 안내를 따라 과수원 안으로 들어갔다. 나무줄기에 앙칼지게 매달린 카카오 열매부터 단맛, 신맛, 새콤한 맛이 나는 여러 종류의 오렌지,

조물조물 주물러 과일째 들고 먹는 오렌지주스, 스타푸르트, 삐따하야(용과), 신맛을 없애주는 신비의 열매에 이어 사탕수수까지. 처음 보는 열대과일을 배가 터지기 직전까지 먹었다. 가브리엘이 심심하면 냇가에 가서 수영을 해도 된다며 권유했지만 지금 움직이면 먹은 과일이 도로 나와 물고기 밥이 될 것 같아 거절할 정도였다. 대신 해먹에 누워 천하태평 시간을 보냈다. 여전히 후덥지근한 날씨 속에서 해먹에 늘어져 있으니 열대지방 사람들이 늘어지는 이유를 알 것만 같았다. 학교가 끝나고 놀러온 가브리엘의 큰 딸이 지나가면서 해먹을 슬쩍 흔들어주고 갈 때면 구멍을 통해 들어오는 공기가 바람인듯 시원했다.

한 차례 비가 내리고, 해가 졌다. 소화가 되어가자 가브리엘이 미리 말려둔 카카오 씨앗을 가져와 프라이팬에 달달 볶았다. 그리고

수분이 빠지고 껍질이 분리된 씨앗을 책상에 고정시킨 수동 믹서로 잘게 갈았다. 그것을 바닐라와 우유, 설탕과 함께 끓이자 달콤한 수제 초콜릿이 완성됐다. 투박하면서도 쌉싸름한 맛이 인공적인 단맛을 싫어하는 내 입맛에 딱 맞았다. 거기에 농장에서 갓 따온 바나나와 파인애플을 같이 먹으니 환상의 조합이었나. 나음 날 아짐도 과일을 먹었다. 어제 농장 구경을 하면서 잘 먹는 과일을 유심히 지켜봤는지 맛있게 먹은 것으로만 구성해 한 대접을 차려왔다. 내가 아침밥을 먹는 동안 가브리엘은 도토리처럼 생긴 열매를 잘라 땀이 맺힐 때까지 사포로 열심히 갈더니 반지라며 선물해주었다.

습하고 뜨거운 적도의 기후를 확인하고, 배불리 먹고, 쉬고, 체험하기까지. 안데스 서쪽 적도를 즐기려고 선택한 방법, 대 만족이다.

천사의 도움을 받는 여행

푸에르토 키토에서 다음 목적지인 바뇨스banos에 가려고 탄 버스는 낯선 동네의 터미널에서 멈췄다.

"여기가 바뇨스야?"

"아니, 여긴 산토도밍고인데."

"분명 가브리엘이 바뇨스로 가는 직통버스라고 했는데⋯⋯."

버스기사는 이곳이 종점이라며 트렁크에서 내 배낭을 꺼내버렸다. 바닥에 떨어진 배낭을 짊어지고 혹시나 하는 마음에 휴대폰을 꺼내봤지만 당연히 인터넷이 될 리 없다. 크게 심호흡을 했다.

'여기서 당황하면 끝이다. 괜찮아, 다영아.'

다행히 터미널 가장 안쪽 부스에서 바뇨스라는 글자를 발견했다. 그런데 그 위에 그어놓은 검정색 두 줄이 왠지 꺼림칙했다.

"올라! 바뇨스 버스, 몇 시야?"

"그 버스 없어졌어."

"아……."

간신히 부여잡은 정신이 바스스 부서지는 소리가 들렸다. '어떡하지? 여긴 어디지? 다시 키토로 돌아가야 하나? 키토, 아니 푸에르토 키토만이라도 좋으니 버스는 있겠지? 키토로 가는 버스도 없으면 어떡하지?' 매표소 앞에서 흔들거리는 두 손을 꽉 쥐고 다시 심호흡을 했다. 그 순간 매표소 직원이 나를 불렀다.

"헤이, 치나! 이 사람 바뇨스 간대!"

직원의 손끝에는 작은 천사가 서 있었다. 표정도 시크하고 말 한마디 없었지만 분명 천사가 확실했다. 평소에 성당도 잘 안 나갔으면서 하느님께 천사를 보내주셔서 정말 감사하다고 기도했다. "그라시아스(고마워)"를 연신 외치며 그 작은 천사를 따라갔다. 버스 좌석은 멀리 떨어져 있었지만 틈틈이 나를 확인하는 그녀의 눈빛을 느낄 수 있었다.

버스는 크고 작은 동네를 지났다. 옆자리 할아버지께서 내가 손녀처럼 보였는지 이것저것 쥐어주실 때마다 눈짓으로 그녀에게 안전한 것인지 확인을 받았다. 암바토Ambato라는 마을에서 내려 택시를 타고 한참을 달렸다. 택시를 타고 이동하는 동안에도 그녀는 침묵을 지켰다. 택시비를 나눠 내고 도착한 다른 터미널에서 다시 바뇨스로 향하는 작은 버스로 갈아탔다. 이제 그녀는 내 옆자리를 지켰다.

풍경이 비뀌고 사람들이 분주한 걸 보니 서의 다 온 듯 했다. 그때 그녀가 나를 톡톡 치더니 싱긋 웃으며 창문을 가리켰다. 창밖을 바라보자 조금씩 떨어지는 빗방울 사이로 또렷한 무지개가 하늘을 가르고 있었다. 마치 그녀가 부린 마법 같았다.

바뇨스에 도착하니 비가 세차게 내렸다. 버스에서 내리고 아직 고맙다는 말밖에 하지 못했는데, 밥이라도 한 끼 먹고 가라고 하려고 했는데 그녀는 순식간에 빗속으로 사라졌다.

도움이 절실한 순간에 나타나 마법 같은 도움만 주고 간 그녀는 정말로 천사가 아니었을까? 이제는 그녀에게 보답할 수 없지만 이 날을 항상 기억하면서 나도 누군가의 천사가 되어주리라 다짐해본다.

털어버리자

바뇨스는 적도를 넘어 남반구에서 만나는 첫 마을이자 에콰도르에서의 마지막 마을이었다. 우여곡절이 있었지만 무사히 도착했다는 것에 감사할 따름이었다. 바뇨스는 여행자들 사이에서 액티비티의

천국이라 불린다. 다리에서 그대로 강 아래로 떨어지는 번지점프, 줄 하나에 매달려 산위를 가르는 짚라인, 우리나라와 차원이 다른 거친 래프팅 등을 저렴하게 즐길 수 있어서다. 그렇지만 나는 잠시 머물 예정이라 오전에는 모터바이크 투어, 오후에는 패러글라이딩 만을 예약했다. 오전 투어는 가이드와 모터바이크를 타고 '세상의 끝'이라는 이름의 그네에 들렀다가 바뇨스 전경을 볼 수 있는 전망 대를 다녀오는 코스였다.

　아주 무난해보이는 이 투어에서 예상치 못한 일을 당했다. 같이 가기로 한 친구들이 나오지 않아 혼자 남자 가이드의 모터바이크 뒤에 올라탄 것이 화근이었다. 절벽 위에 매달린 세상의 끝 그네를 신나게 타고 인적이 드문 전망대로 향하던 길, 핸들을 잡고 있던 가이드의 손이 내 손 위로 올라오더니 이윽고 자신의 성기로 손을 가지고 가려 했다. 있는 힘껏 손을 빼며 "노"를 외쳤지만 그 자식의 손아귀 힘은 더 세지고 "굿?"이라는 대답도 물음도 아닌 답변이 돌아왔다.

"노! 노! 노! 노! 노! 아이 헤이트 유!"

소리를 빽빽 지르고서야 겨우 손을 뿌리칠 수 있었다. 전망대에 도착해서 한국어로 별의 별 쌍욕을 다 쏟아내고 싶었지만 그러다 보면 눈물이 나올 것 같았다. 절대 그 자식 앞에서 울고 싶지 않았다. 그 자식도 민망했는지 내 쪽을 쳐다보지 않더니 갑자기 나이를 물었다. 나이를 대체 왜 묻는 건지 이해할 수 없었다. 내가 어려서 이 상황을 받아들이지 못한다는 건가? 어이가 없고 더 화가 났지만 계속해서 입을 다물었다. 전망은 하나도 눈에 들어오지 않았다. 마을로 내려가려면 다시 그 뒷자리에 올라타야 한다는 더 끔찍한 사실만이 머릿속에 맴돌 뿐이었다. 치가 떨리게 싫었지만 방법이 없었다. 최대한 붙지 않게 몸을 뒤로 뺀 채 차에 올랐다.

내려가는 길에 갑자기 비가 오기 시작했다. 엔진이 비에 젖고 길이 무너진 탓에 차가 가다 서다를 반복하더니 결국 고장나 완전히 멈춰버렸다. 정말 최악 중의 최악이었다. 비를 맞으며 오토바이를 끌다가 농가에서 만난 트럭에 매달려 마을로 내려왔다. 돌아온 여행 사무실에는 어린 딸이 자리를 지키고 있었다. 딸까지 있는 애 아빠라는 걸 알게 되니 화가 더 솟구쳤다.

이런 일을 당하면 어떻게 대처해야 하는지 그렇게 많이 배웠으면서 버럭 화를 내지도, 신고를 하지도 못하고 있는 내 모습이 짜증나고 속상했다. 오늘은 더 이상 아무것도 하고 싶지 않았다. 아니, 할 수 없었다. 오후에 예약해 둔 패러글라이딩을 취소해 달라 요청했다. 그 자식과 또 함께한다는 상상조차 하기 싫었다. 잠깐 어디로 사라진 그 자식은 환불을 해줄 수 없다는 답변과 함께 돌아왔다. 대신 패러글라이딩은 함께하지 않는다고 했다.

하는 수 없이 꿀꿀한 기분을 안은 채 활공장으로 향했다. 함께 버스에 탄 사람들과 눈빛조차 나누지 않았다. 직원들이 이름을 묻고 어디서 왔냐고 물어보며 분위기를 풀어주려는 듯 했으나 지금은 남자의 털 끝 하나 보고 싶지 않았다.

그나마 하늘이 나를 달래주려는 듯 기상상태는 최상. 눈앞의 풍경에 조금씩 기분이 풀려갔다. 꾸역꾸역 왔어도 이렇게 나오길 잘했다는 생각도 들었다. '그래, 그 자식 때문에 의기소침해질 필요는 없어!' 그렇게 마지막 순서로 하늘을 향해 날아올랐다.

발아래에는 조각보처럼 칸칸이 꿰맨 밭이 펼쳐져 있고, 그 안에는 단추 같은 집이 놓여 있었다. 퉁구라와 화산, 에콰도르에서 가장 높다는 침보라소 산도 우두커니 자리를 지키고 있었다. 좋은 날씨, 시원한 바람, 수수하고 고요해 보이는 마을과 하얗게 만년설이 쌓인 산을 바라보며 오늘의 속상함을 풀었다. 화려하고 강렬한 풍경이 아니었기에 오히려 마음껏 위안받았다. 빙글빙글 도는 패러글라이딩을 따라 힘껏 소리도 지르고 마지막으로 발을 휘휘 저으며 남아 있던 울적함까지 털어버렸다.

발아래에는 조각보처럼 칸칸이 꿰맨 밭이 펼쳐져 있고,
그 안에는 단추 같은 집이 놓여 있었다.

"여행이 항상 좋은 날의 연속일 수는 없어. 그럴 땐 그저 이렇게 털어버리자."

앉아서 즐기는

처음 버스를 타던 날, 두려움이 앞섰다. 버스 강도 이야기, 짐칸에 실어둔 가방을 통째로 훔쳐 갔다는 이야기, 가방에서 몰래 귀중품을 꺼내 간다는 이야기…… 별의별 소리를 다 들은 터였다. 귀중품이 든 앞 가방은 꼬-옥 끌어안고, 창가 쪽에 자리를 잡고 앉았다. 버스가 설 때마다 누가 가방을 가져가지 않을까 밖을 내다보며 꼬박 열 시간을 뜬 눈으로 보냈다. 버스는 왜 이렇게 많이 서는 건지. 정류장도 아니고 터미널도 아닌, 있는 거라곤 나무뿐인 산비탈 도로 한 가운데에서 사람들이 타고 내릴 때마다 심장이 두근거렸다.

여느 때와 다름없이 산 속 어딘가에 선 버스. 갑자기 잘 차려입은 상인이 타더니 장황한 제품 설명을 시작했다. 알아들을 수 없는 이야기가 이어지는 가운데 계속해서 나오는 "Corea(꼬레아, 한국)"라는 단어가 귀에 박혔다. 'Corea'라는 단어 뜻에 한국 말고 다른 의미가 있나 싶어 찾아보려던 찰나, 상인이 승객들에게 제품을 건넸다. 나도 하나 받아 살펴보니 다름 아닌 홍삼진액! 한국어로 쓰인 '홍삼진액'이라는 글자에 어이가 없으면서도 나도 모르게 입꼬리가 올라갔다. 이 먼 남미 땅에서 홍삼진액을 만날 거라고 상상이나 했을까.

홍삼진액을 파는 상인이 내리고 얼마 지나지 않아 다시 선 버스. 이번엔 달콤하고 구수한 냄새가 차례로 코끝을 자극했다. 우르르 올라탄 상인의 손에는 하얀 천으로 감싼 바구니가 하나씩 들려 있었다. 그들은 좁은 버스 통로를 유유히 지나가면서 승객을 향해 천을 들썩이며 먹음직스러운 간식을 선보이는 동시에 진한 향기를 풍겼다. 긴긴 시간 같은 자리에 앉아 이동하는 지루함 속에 만난 먹거리가 반가워 고속도로 휴게소에 들른 것처럼 이 바구니, 저 바구니를 기웃거리다 슬쩍 손을 들어 노란 빵 하나를 샀다. 기름이 주르륵 흐르고 퍽퍽하기 그지없지만 그간 긴장하고 있던 신경을 풀어주기에 충분했다.

산 중 어딘가에 내리는 그들을 보며 순간 깨달았다. 나는 버스에 앉아 크고 작은 동네를 만나고 있었다. 매번 달라지는 바구니 속에서 주민들이 자주 먹는 음식부터 살아가는 분위기, 냄새, 색깔까지도 같이 느끼며 또 하나의 여행을 하고 있었다(가끔은 홍삼진액처럼 엉뚱한 물건을 만나기도 했지만).

콜롬비아와 에콰도르를 지나 페루를 여행하면서부터는 상인들을 거의 만날 수 없었다. 긴장은 줄었지만, 그들을 구경하던 소소한 시간에 대한 그리움과 더 이상 가보지 못하는 곳을 느껴볼 수 없다는 아쉬움이 더 아련히 다가왔다.

3. 페루

액땜의 마법

여행을 하면서 마법 같이 느껴지는 단어가 하나 있었다. 바로 '액땜'. 어디서 왔는지 모를 미신 같은 이 단어에는 상황을 긍정적으로 바꿔주는 힘이 있다. 담담히 받아들여지지 않는 사건이 생겼을 때, "그래, 액땜한 셈 치자"라고 한마디 던지고 나면 서서히 기분이 풀렸다. 내가 언제부터 이렇게 긍정적인 사람이었지 하고 흠칫 놀랄 때도 많았다. 특히 페루를 여행하면서 이 액땜의 마법을 잘 써먹었다.

이카: 액땜의 시작

보고타에서 헤어진 혜민이가 페루에 있고, 나도 페루로 가고 있었다. 그렇다면 우리는 만나야 한다! 토해내고 싶은 이야기가 정말 많았다. 이미 음성메세지로 각자의 이야기 한 보따리가 전해졌지만 지금 우리에게 필요한 것은 서로였다.

나와 달리 떠나야 할 일정이 정해져 있는 혜민이를 만나려면 빠르게 움직여야 했다. 페루의 첫 도시 리마Lima에 도착하면 잠깐 자고 일어나 이카Ica까지 다섯 시간을 달리고, 그 근방의 오아시스 마을 와카치나Huacachina에서 버기카 투어와 샌드 보딩을 한 뒤 샤워를 하자마자 쿠스코Cusco행 버스에 올라 반나절을 꼬박 달려 혜민이와 상봉하는 여정이었다.

새벽 여섯 시 반, 눈을 뜨자마자 조식만 먹고 리마에서 이카로 출발했다. 마음이 급하다고 시간이 빨리 흐르지는 않기에 버스에 있는 동안 조급함은 잠시 접어두기로 했다.

이카까지는 해안을 따라 남쪽으로 내려갔다. 이 길에서는 사막과 바다가 함께 펼쳐지는 신비로운 풍경을 확인할 수 있다. 친할 수 없어 보이는 두 경관이 공존하는 이유는 다양하지만 그 중에서도 차가운 훔볼트 해류가 큰 역할을 한다. 비가 오려면 대기가 불안정해야 하는데, 기온이 낮은 한류 때문에 대기가 안정되고 증발량이 적어 비가 내리지 않는다. 그래서 이렇게 해안가에 건조한 사막이 펼쳐질 수 있는 것이다.

　바람에 날리는 작은 모래가 이따금 버스 창을 두드리고, 포도밭과 지푸라기를 엮어 만든 모래가림막이 간간히 보이는 사막을 달려 이카에 도착했다. 저녁에 탈 쿠스코 행 버스를 미리 예약하고 사막의 오아시스 마을 와카치나로 이동했다. 혜민이가 와카치나로 가는 택시에서 물건을 도둑맞을 뻔했다는 이야기를 들은 터라 운전사를 예의주시하는 사이 황량한 사막 한가운데 와카치나가 모습을 드러냈다.

　태어나 처음 보는 오아시스는 상상 속 이미지와는 다르게 물이 탁하고 지저분했다. 그런데도 뭐가 그리 좋은지 아이들은 까르륵거리며 그 안에서 물놀이를 즐겼다. 그늘마다 자리를 깔고 누운 사람들, 거리를 돌며 공연을 하는 버스킹 그룹, 너도나도 손에 든 아이스크림. 여름에 한강에서 자주 보던 풍경이었다. 일행만 있다면 치킨에 맥주로 배를 채우면 딱 좋을 것 같았다.

마을 구경을 마치고 들른 여행사 앞에는 거대한 거미처럼 생긴 버기카가 기다리고 있었다. 버기카는 마을을 둘러싼 높고 경사진 모래 언덕 위를 단숨에 올랐다. 그 언덕 너머로 나타난 것은 끝없이 펼쳐진 사막. 겹겹이 넘쳐나는 사구에 감탄할 새도 없이 버기카는 거미줄에 걸린 먹이를 향해 달리듯 엄청난 스피드로 이 언덕, 저 언덕을 넘나들었다. 쿵쿵 떨어질 때마다 내 몸도 붕~ 쿵, 붕~ 쿵 거리며 오르고 떨어지길 반복했다. 모래알이 머리 사이사이로 파고드는지도 모른 채 아찔한 순간들을 즐겼다. 사막 안쪽에 있는 엄청나게 높은 사구 꼭대기에 우리를 내려놓은 가이드는 샌드 보딩에 대해 몇 가지 설명을 하더니 언덕 아래로 내려가버렸다. 배운 대로 보드 바닥에 꼼꼼히 양초질을 해서 충분히 마찰을 줄이고 누워서, 엎드려서, 앉아서, 서서 자기만의 스타일로 언덕 아래로의 시원한 활강을 시작했다. 나는 썰매를 타듯 보드 위에 앉았다. 쫀득쫀득해지는 심장을 부여잡고 사구 아래로 하강!

"끼야~ 오호~ 야하~ 유후~욱…… 응? 응! 아!"

잘 내려오던 나는 갑자기 보드에서 떨어져 모래 언덕을 데굴데굴 굴렀다. 보드 밖으로 나와 있던 오른발이 순식간에 모래에 파묻힌 탓이었다. '끽' 소리도 낼 수 없는 고통이 발목을 옥죄어 왔다. 지켜보던 사람들이 낄낄거리며 웃는 소리가 들렸다. 목구멍에서 막힌 소리는 도무지 튀어오를 생각을 하지 않았다. 생각보다 오래 일어나지 못하는 걸 보고 그제야 가이드가 달려왔다. 부축을 받고 일어나 버기카에 앉고 나서야 붉게 달아오른 복숭아뼈가 보였다. 벌에 쏘이기라도 한 것처럼 크게 부어있었다. 사구 너머로 떨어지는 석양을 즐기는 사람들을 뒤로 하고 홀로 버기카에 실려 내려오는 신세가 되고 말았다. 발목의 붓기가 가라앉을 기미가 없어보이자 가이드는 병원을 권했다. 온몸 구석구석 달라붙은 모래를 씻지도 못한 채 그길로 택시에 올랐다. 항상 든든하던 커다란 배낭이 오늘따라 애물단지 같았다.

철창이 쳐진 병원 앞에서 입구를 찾아 우왕좌왕하고 있었더니 한쪽에서 장사를 하던 아주머니가 달려와 도움의 손길을 내밀었다. 휠체어를 구해와서 나를 앉히고 어깨에 배낭을 둘러맸다. 접수부터 엑스레이를 찍으러 갈 때까지 처음 보는 여행자가 딸이라도 되는 듯 친절하게 보살펴주었다. 걱정하지 말라고, 자기가 다 도와주겠다며 놀란 마음도 안심시켜줬다. 내심 저러다 가방을 훔쳐가지나 않을까 경계한 것이 미안해졌다. 게다가 나 때문에 장사도 못하고 있을 텐데, 치료가 끝나면 감사비라도 챙겨주어야겠다고 생각했다.

친절하던 아주머니의 눈빛이 180도로 변한 것은 순식간이었다. 엑스레이를 찍느라 몸에 차고 있던 복대를 푸는 모습을 문틈으로 지켜본 다음부터였다. 촬영을 마치고 나오니 아주머니의 눈에는 살기가 가득했고, 기회를 엿보는 눈은 빠르게 돌아갔다. 몸동작과 목소리도 한층 커졌다. 갑자기 가방이 너무 무겁다는 시늉을 하질 않나, 자기 손에 있는 화상을 보라면서 집에 갓난 아기가 있는데 장사도 못하고 이렇게 너를 도와주고 있다고 호소하기까지 했다. 의사 선생님이 진찰하는 와중에도 과장스러운 말과 몸짓은 계속되었다. 슬슬 기분이 나빠지고 있던 차에 통역을 도와주던 간호사가 옆에서 "She is lier"라고 말하며 조용히 눈짓을 보냈다. 아주머니 몰래 알겠다고 고개를 끄덕였다.

　병원에서 처방을 받고 약국에 갔지만 수중에는 약을 살 만큼 환전 한 돈이 없었다. 내가 약을 사지 않겠다며 고맙고 이젠 가보겠다고 하자, 아주머니는 근처에 ATM기가 있다며 무작정 날 택시에 태웠다. 도착한 한 쇼핑몰 앞에서 조금 남은 동전을 털어 택시비를 내자마자 ATM기로 끌려갔다. 시키는 대로 돈을 뽑으려는데 아주머니가 나를 돌려세우더니 "거기서 뽑는 돈에서 절반은 나를 줘야 해!"라며 큰 눈을 더 크게 뜨고 다그쳤다. 한국에서는 얼마 안 되는 돈이지만 페루 물가로 따지면 꽤 큰돈이었다. 이미 가방은 내팽개쳐져 있었고, 나쁜 기분은 점점 무서움으로 변해갔다. 급하게 달려온 오늘 하루가, 다리를 보드 위에 올리지 않은 내가, 작은 친절에 경계를 놓은 내가 원망스러웠다.

　기계가 고장난 척을 하며 건너편 은행 안에 있는 경찰을 향해 달렸다. 아주머니가 날 붙잡았지만 물어볼 것이 있다고 둘러대며 경찰에게 애원의 눈빛을 보냈다. 불행하게도 경찰을 비롯한 주변 사람 중 어느 누구도 영어를 하지 못했다. 나의 간절한 눈빛도 아주머니의 유창한 스페인어 거짓말에 묻힐 뿐이었다. 낮에 예매한 버스 시간이 30분밖에 남지 않았다는 사실도 마음을 조급하게 만들었다.

아주머니에게 지금 달러는 있으니 버스터미널에서 환전을 해서 주겠다고 둘러대 겨우 터미널로 향했다. 운 좋게도 버스터미널 안에는 한국인이 몇 분 있었고, 쏟아질 것 같은 울음을 간신히 참아가며 "초면에 정말 죄송한데 환전 좀 해달라"고 애원했다. 환전한 돈의 반은 이곳까지 온 택시비로, 나머지는 뻔뻔스럽게 돌아가는 택시비도 내놓으라는 아주머니에게 던지듯 다 줘버렸다. 환전해주신 분께 감사인사를 드리고 버스터미널 의자에 앉아 숨을 돌리고 나니 정신이 없어 잊고 있던 발목이 욱신거렸다. 낮에 묻은 모래 알갱이도 살에 스쳐 까칠했다.

버스는 30분이 지나도 오지 않았다. 급하게 넘어가려던 나를 괘씸하게 생각한 페루가 주는 벌인가 싶었다. 겨우 탄 버스에서는 앞 사람의 꿉꿉한 노린내가 코끝을 찔렀다. 평소라면 무시할 수 있는 이 냄새도 유난히 구역질 나게 느껴졌다.

이날 나는 처음으로 액땜의 힘을 빌렸다. "그래, 다리를 다친 건 이렇게 시시하고 순수한 강도를 만날 수 있게 한 액땜인 거야. 그리고 이건 또 다른 사건의 액땜이겠지. 앞으로는 별일 없을 거야"라고 읊조리고 나니 마음이 많이 편안해졌다. 그리곤 버스에서 곤히 잠에 들었다.

우연인지 필연인지 쿠스코에 도착한 다음날, 이카에서 쿠스코로 넘어가는 야간버스가 강도의 습격을 당했다는 소문이 돌았다. 기분을 좀 추스르려고 던진 말이 새삼 사실이 된 것 같았다. 지금 생각해보면 너무 끼워 맞춘 것 같긴 해도, 당시에는 그랬다.

위로

우여곡절 끝에 도착한 쿠스코. 혜민이가 미리 알아둔 호스텔에 짐을 내려놓고 그녀의 가방을 발견했을 뿐인데 이렇게 반가울 수 없었다. 드디어 상봉한 우리는 반가운 마음을 담아 부둥켜안고 방방 뛰었다.

하루 먼저 온 그녀는 호스텔뿐만 아니라 맛집은 물론 쿠스코 시내가 한눈에 내려다보이는 카페까지 미리 알아두었다. 우리는 시원한 쿠스코 공기와 아기자기한 풍경을 안주 삼아 걸으며, 먹으며, 마시며 서로가 떨어져 있던 동안의 시간을 맞춰 나갔다. 타지에서 생활을 마치고 고향친구를 만난 기분이었다.

푸에르토 키토부터 이어진 파란만장한 여행은 나 혼자만의 몫이었다. 한국에 알리면 온갖 걱정이 돌아오는 게 당연하고, 그렇다고 손가락을 꿈적이며 메시지로 떠들어대고 싶지도 않았다. 씩씩하게 흘려보내고 쉽게 잊었지만 마냥 괜찮은 것은 아니었다.

안쪽 깊숙한 곳에서부터 조금씩 응어리져 토해내고 싶은 이야기가 정말 많았다. 액땜으로 순식간에 뚫려버린 구멍을 메울 수 있었지만 썩어가는 속을 달래지는 못했다. 한편에 자리 잡고 있던 외로움은 겨우 메운 구멍을 다시 뚫고 있었다.

그렇게 지쳐갈 쯤 쿠스코에서 만난 혜민이는 단비 같은 존재였다. 우리는 마주보고 앉아 서로의 휴지통이 되어주었다. 각자가 묵묵히 견디고 있던 응어리를 밖으로 하나씩 꺼내면서 위로하고, 위로받았다.

혼자도 좋지만 가끔은 이렇게 함께하며 위로를 나누는 시간도 필요한가 보다.

액땜은 끝나지 않았다

페루하면 마추픽추라고들 하는데, 역사나 유네스코 등록지에 큰 관심이 없는 나로서는 그다지 관심 가는 곳이 아니었다. 어차피 똑같은 모습이 이곳저곳에 사진으로 박혀있는데 직접 눈으로 볼 필요가 있을까 싶은 거만한 생각도 들었지만, 여기까지 온 김에 가보기로 했다. 마추픽추에 가는 방법은 생각보다 다양했다. 여러가지 액티비티를 하며 찾아가는 잉카 트레킹, 기차로 한 번에 가는 방법, 콜렉티보(밴)와 트레킹을 병행하는 방법 등. 마음 같아서는 걷기도 하고 자전거도 타는 잉카 트레킹을 해보고 싶었지만 발목이 따라주지 않았고 기차는 너무 비싸기에 고민 없이 마지막 방법으로 결정했다.

다음날 아침, 필요한 짐만 꾸려 마추픽추로 향하는 콜렉티보를 탔다. 여행객을 가득 태운 차는 고도 5000미터의 안데스를 오르내렸다. 짙은 안개와 깊게 굽은 길을 아슬아슬하게 달리다 고도가 가장 높은 곳에서 멈춰섰다. 한 사람이 고산병을 참지 못하고 속에 있던 것을 내뿜어 버렸기 때문이었다. 다시 출발한 차는 더 빠르게 달려갔다. 가도 가도 끝이 없고 가면 갈수록 험한 비포장 길에 옆은 까딱 미끄러지면 바로 추락할 절벽이었다. 안데스의 거친 길을 가로질러 여러 대의 차가 줄줄이 이어가는 모습이 꼭 마추픽추 역사조사단 같았다. 처음 마추픽추를 발견한 사람의 희열을 간접적으로 경험하는 기분이었다. 잉카 트레킹을 못한 것이 내심 아쉬울 따름이었다. 열심히 달리던 차는 드디어 이드로 일렉트리카Hydroelectrica 기차역에 멈췄다.

여기서부터 베이스캠프인 아구아스 칼리엔테스Aguas Calientes라는 마을까지는 걷거나 기차를 타고 올라가야 했다. 아무리 다쳤어도 23년 튼튼하던 다리가 두 시간 정도는 견뎌주겠지 싶어 걷는 방법을 택했다. 초입에서 만난 일본인 친구 코지와 혜민이, 나까지 셋이서 오순도순 길을 걸었다. 동시에 출발한 다른 여행자들은 이미 시야에서 사라졌지만 두 사람은 걷는 게 불편한 나를 위해 긴 나뭇가지를 주워주기도 하고 앞서거니 뒤서거니 하며 걸음을 맞춰주었다. 한 시간쯤 걸었을까? 날씨가 흐려지더니 설상가상으로 소나기가 내렸다. 비는 이내 그쳤으나 이번엔 해가 지고 있었다. 해는 매정하게도 금세 떨어져 버렸고, 반딧불이 한두 마리만이 반짝이는 어둠 속을 걷고 걸었다. 거의 세 시간 만에 도착한 아구아스 칼리엔테

스는 정전으로 어둑했다. 대신 모든 상점이 촛불로 어둠을 밝혀 낭만적인 분위기를 자아냈다.

낭만에 취한 것도 잠시, 아직 끝나지 않은 액땜이 재가동했다. 여행에서 목숨 다음으로 지켜야할 것이 여권이거늘, 여권을 잃어 버렸다. 자세한 이야기는 이렇다.

아구아스 칼리엔테스에 도착해 코지에게 인사를 할 겸 바람막이에서 여행자 명함을 꺼내야지 했는데, 어찌된 영문인지 허리춤에 있어야 할 점퍼가 없었다. 분명 비가 왔을 때 입었다가 비가 그치고 허리에 묶어뒀는데? 여기서부터 얼마 떨어지지 않은 곳에서 묶었는데? 당황스러움 그 자체였다. 내 뒤로는 혜민이가 오고 있었고, 점퍼가 떨어졌다면 분명 봤을 텐데 전혀 기억이 없다고 했다. 그렇다고 낭만에 취해 있는 잠깐 사이에 누가 훔쳐갔을 일도 만무했다. 점퍼만 사라졌다면 아쉬워하고 말았을 텐데, 문제는 여권이었다. 앞으로의 여행은 물론 마추픽추를 보고 돌아가는 기차를 타려면 반드시 필요한 여권이 그 안에 들어 있었다. 왔던 길을 돌아가 봤지만 이미 어두워질 대로 어두워진 밤이라 소용이 없었다. 그렇게 순식간에 곤란한 상황에 처해버렸다.

대체 무슨 정신으로 여권을 잃어버린 건지 당황을 넘어 어이가 없었다. 마추픽추 안내데스크에서는 폴리스 리포트를 가지고 오면 입장을 고려해보겠다 했지만 하필 또 정전이라 경찰서에서는 내일 오라는 말뿐이었다. 우선 이 혼란을 수습해야 하니 마추픽추는 내

려놓기로 했다. 나보다 더 걱정하며 당장이라도 쿠스코로 돌아갈 표정을 하고 있는 혜민이에게 더 이상 폐를 끼칠 수도 없었다. 저녁을 먹고 숙소에 들어와 가이드에게 지불한 입장료와 돌아가는 기차표 값을 환불받았다. 그리곤 아직도 정전인 어두운 방안에서 초 하나만 켠 채 내일은 꼭 폴리스 리포트를 받을 수 있길 기도했다. 쿠스코로 돌아가려면 제 시간에 이드로 일렉트리카 역까지 가야 하지만, 혼자 이 다리로 왔던 길을 되돌아가는 것은 무리였다. 그래서 꼭 여권을 대신할 폴리스 리포트를 받아 기차를 타야만 했다. 여기서 내가 할 수 있는 것이라곤 기도뿐이라는 게 씁쓸하고 답답했다.

　그동안 잠시 나갔다 온다던 혜민이가 진한 초콜릿 케이크와 과일 케이크를 사왔다. 이럴 때는 당이 최고라고, 싫어도 먹으라며 포크까지 쥐어주었다. 혜민이는 차분히 문제를 해결하고 있는 내가 대단하다고 말했지만, 나는 오히려 이런 위로와 담담한 충고를 건

네주는 혜민이에게 많은 것을 배우고 있었다. 이 밤, 뜨거운 초보다 혜민이의 온기가 더 따뜻한 시간이 흘러갔다.

새벽같이 혜민이는 마추픽추를 보러가고 나는 왔던 길을 조금 돌아봤다. 역시 있을 리가 없었다. 지나가는 사람에게 혹시 점퍼를 봤는지 물어보다가 되레 소매치기를 당할 뻔 했다. 가까스로 참던 눈물이 흐를 것 같았다. 페루에서만 벌써 몇 번째 울음을 참고 있는지 정말.

약속한 시간에 맞춰 경찰서를 찾아갔다. 분명 어제 둘러봐주겠다고 했지만 가보지 않은 눈치였다. 영어를 할 수 있는 사람이 하나도 없는 경찰서에서 구글 번역기로 한 단어씩 어렵사리 폴리스 리포트를 작성해갔다. 경찰은 뭐가 그리 신나는지 노래 부르고 춤추며 뭉그적거렸다. 그렇게 A4 반 장밖에 안 되는 폴리스 리포트가 장장한 시간에 걸쳐 완성되었다.

사건 번호 #20150211

이름: 김다영

생년월일: 1993. 04. 10

사건 일시: 2015년 2월 11일

사건 장소: 잉카 레일로드

사건 내용: 여권분실

돌아가는 기차표를 사고 조금 남은 동전을 탈탈 털어 카페에서 커피 한 잔을 시켰다. 내 마음처럼 비가 추적추적 내리고, 실개천은 거칠게 흘렀다. 지금 할 수 있는 건 자기위로 뿐이었다. '그래 비가 이렇게 오니까 다시 오라는 의미의 액땜일거야. 마추픽추가 좋은 모습을 보여주고 싶어서 그런 걸 거야'라면서 말이다.

리마 다이어리

- 리마 다이어리 1: 모칠레노

마추픽추에서 쿠스코에 도착하자마자 곧장 대사관에 전화를 걸어 현재 상황을 보고하고 해야 할 일들을 안내받았다. 그리고 대사관이 있는 리마로 와야만 한다는 답변까지 받았다. 고민할 것 없이 다음날 첫 비행기를 타고 리마로 돌아왔다.

가방을 내려놓기 무섭게 대사관으로 향했다. 펄럭이는 태극기와 친절한 직원들의 안내에 불안했던 마음들이 한결 녹았다. 최근 증가하는 사건사례를 수집한다는 대사님과의 면담도 이어졌다. 혹시나 하고 미리 준비해둔 여권사진과 사본 덕에 일처리는 줄었지만 주말이 겹쳐 여권 재발급까지는 최소 일주일이 걸린다고 했다.

그냥 지나치려던 리마였는데 어쩌다보니 붙박이가 되어버렸다. 짧은 여행이었다면 발을 동동 구르는 아까운 날들이었겠지만, 가진

것이 시간뿐이니 조급하지 않았다. 와카치나에서 다친 다리를 회복
할 휴양의 시간으로 삼기에도 딱 좋은 타이밍이었다.

　일주일 동안의 보금자리는 카사 델 모칠레노casa del mochilero. '배
낭 여행자'라는 뜻을 가진 호스텔이다. 노을이 멋진 해안가에서 10
분만 걸으면 나오는 노란 빌라 2층, 커다랗지만 애교 많은 강아지
마르티나가 반겨주고, 자리가 없으면 매트라도 깔아 배낭여행자들
을 품어주는 숙소다. 여행자이자 이 호스텔의 주인인 후안Juan은 몇
년째 같은 숙박비를 받으며 가난하고 지친 여행자들을 반기고 있다
고 한다. 앉으면 금방이라도 바닥에 닿을 것 같은 소파, 사다리가 없
어 번쩍 뛰어 올라가야 하는 2층 침대, 아침저녁으로 눈치게임을 벌

여야 하는 하나뿐인 화장실, 깜박하고 이름을 안 쓰면 음식이 사라지는 작은 부엌. 불편한 것 투성이인데도 오히려 아늑하고 가족 같은 분위기가 사랑스러운 숙소라 마음에 들었다. 아무것도 하지 않아도 시간이 잘 가는 것을 보니 앞으로 일주일이 지루하진 않을 듯하다.

- 리마 다이어리 2: 수상한 필라르의 치료

모칠레로에 묵은 지 4일 째. 아침을 먹고 소파에 앉아 멍하니 있었더니 후안이 다가와 인사했다. 지친 마음 탓에 그동안 누구와도 얘기하지 않았던 터라 체크인 이후 후안과의 대화도 처음이었다. 여행을 좋아한다는 후안은 동양인은 다른 여행객과 잘 어울리지 않아 다가가기 어렵다며 얘기를 꺼냈다. 보통은 부끄럽거나 영어를 두려워해서 그런 경우가 많지만 나는 지금 매우 지쳐 있어서 그랬다고 털어놨다. 바다에 나가 수영이라도 해보지 그랬냐는 후안의 질문에 아직도 붓기가 가라앉지 않은 발목을 보여주었다. 다치고 바로 무리를 해서 그런지 다리가 잘 낫지 않는다고 얘기했더니 후안은 그 길로 나를 끌고 병원으로 향했다. 아쉽게도 병원에서는 외국인이라 별다른 치료나 진찰을 해주지 않았다. 후안은 속상했는지 슬며시 자기 누나 필라르Pilar에게 치료를 받아보지 않겠느냐고 물었다. 자기가 운동하다가 다칠 때면 치료해주는데 효과가 꽤 괜찮다는 극찬도 덧붙였다. 침술이라도 하나 싶어 무슨 치료냐 물으니 "sprit"이라는 대답이 돌아왔다. 이 상황에 전혀 나올 수 없는 단어였지만 우선 후안만 믿고 치료를 받아보기로 했다.

어둑해진 저녁, 다른 룸메이트들이 들어오기 전에 침대에 누워 필라르에게 다리를 맡겼다. 빛나는 해가 그려져 있고 알 수 없는 문구들이 쓰인 천이 방 한편에 걸렸다. 작고 둥근 초가 켜지고 한껏 신성해진 분위기 속에서 수녀복을 입은 그녀가 천을 향해 정성을 다해 기도하기 시작했다. 기도가 끝나고 손으로 고체 오일을 듬뿍 찍어 초에 녹인 뒤 내 발목에 바르며 마사지를 했다. 초에 녹은 따뜻한 오일이 살에 닿으니 몸이 스르륵 녹는 기분이 들었다. 부드럽게 마사지를 하다 이번엔 세 손가락으로 집게를 만들어 아픈 부위에서 나쁜 기운을 빼내는 의식을 했다. 그렇게 한참을 복숭아뼈 주변을 둘러싼 나쁜 기운을 하늘로 날려 보낸 뒤, 이번엔 위로 높이 뻗은 손을 주사기 모양으로 만들어 하늘의 기운을 담았다. 하늘의 기운이 듬뿍 담긴 주사는 그대로 발목에 놓았다. 치료를 받는 동안 그녀의 섬세하고 정성 어린 손길에 심취해서인지 분명 아무것도 없는데 괜히 무언가 빠지고 들어가는 기분이 들었다. 30분가량의 마사지와 의식이 끝나자 비닐로 다리를 감싸고 이불을 덮어주었다. 웬만해선 움직이지 말라는 당부도 함께 건넸다. 치료를 받는 동안 노곤해져서인지 그대로 푹 잠이 들 수 있었다.

치료를 해준 다음날부터 그녀는 계속 나를 챙겼다. 어차피 집에만 있을 거라면 오늘부터 같이 식사를 하자고 제안해왔다. 미안한 마음에 괜찮다고 손사래를 쳤으나 어차피 양이 많으니 같이 먹어도 괜찮다며 음식을 준비했다. 그렇게 매일 우리는 함께 식사했고, 그녀는 밤마다 정성스레 영적치료를 해주었다. 남의 발을 만진다는 게 쉬운 일이 아닌데다, 매일매일 하는 치료에 지칠 법도 한데 힘든 내색도 하지 않은 그녀가 고맙기만 했다.

- 리마 다이어리 3: 새해 복 많이 받아!

오늘은 한국의 설날. 음력 개념이 없는 남미는 고요하기만 하다. 북적한 설 분위기가 그립기도 하고 성심성의껏 보살펴주는 호스텔 식구들에게 고마운 마음을 전할 겸 한국음식을 대접해보기로 했다.

사실 나는 요리에 능숙하지 않다. 끼니를 해결할 정도는 돼도 남에게 권할 정도는 아니다. 그런 사람이 대접할 때 쓸 쇼핑리스트를 적고 있자니 어색하기 그지없었다. 까다로운 명절음식 대신 현지에서 재료를 구할 수 있고, 한국의 고추장을 맛보여줄 수 있는 비빔밥과 감자전을 택했다(절대 조리법이 간단해서가⋯⋯ 맞다).

부엌 한가득 재료를 펼치고 서툰 솜씨로 요리를 시작했다. 분명 간단한 음식을 선택한 것 같은데 한 시간이 지나서야 모든 요리가 끝났다. 한복으로 갈아입고 콜롬비아에서 우연히 얻은 비장의 무기 고추장 튜브도 꺼냈다. 요리하면서 간을 하나도 안 했거니와 원래 짜게 먹는 그들은 내 눈치를 슬쩍 보며 밥에 소금 한 수저를 듬뿍 부었다. 고추장은 살짝 찍어먹더니 너무 맵다며 물을 벌컥벌컥 마셨다. 결국 후안 빼고는 하얀 비빔밥을 먹었다. 그래도 맛있다며 그릇

을 싹싹 비워준 덕분에 내심 뿌듯함을 느꼈다.

이번엔 후안이 대접을 받았으니 답을 해야겠다며 피스코를 들고 왔다. 피스코는 페루 전통 술로 새해나 기쁜 날 먹는다고 했다. 옆에서 후안의 설명을 듣던 칠레 친구 하나가 피스코는 칠레 전통주라며 때 아닌 공방을 살짝 펼쳤다.

겨우 공방을 말리자 맛있는 피스코 제조에 들어갔다. 시큼한 레몬과 달콤한 피스코가 합쳐져 피스코 사워가 되었다. 다 같이 잔을 들고, 이곳의 건배사 "살룻" 대신 내가 알려준 한국어를 외치며 건배했다.

"새해 복 많이 받아!"

- 리마 다이어리 4: 바다 나들이

"너 너무 하얘서 이 벽 같아. 살 좀 태우러 가자."

어느 날 후안이 벽을 가리키며 한 말이다. 다리 때문에 숙소에서 한량처럼 지내는 것도 심심하던 차에 솔깃한 제안이었다. 칠레에서 온 커플 후안과 파울리도 함께했다(나는 두 후안을 리마 후안과 칠레 후안으로 구별했다). 리마 후안의 주도하에 택시와 콜렉티보를 타고 40분을 달려 푼타 에르모사Punta Hermosa라는 작은 해변마을에 도착했다. 하얀 집과 푸른 바다를 보니 그리스가 연상됐다.

해변 적당한 곳에 자리를 잡고 리마 후안이 꺼낸 선크림을 바르려다 말고 두 눈을 의심했다. 자외선 차단지수가 자그마치 90! 최고 수치

가 50인 우리나라 선크림의 거의 배가 되는 숫자임에도 타는 걸 완전히 막을 수는 없다고 했다. 리마의 자외선 수치는 3분만 햇볕에 있어도 피부에 홍반이 생기는 14단계라더니 그 말이 생생하게 다가왔다.

　옷을 갈아입고 멋모르고 바다로 뛰어들었다가 한 번 더 식겁했다. 밀물과 썰물이 초단위로 펼쳐지는 것처럼 어마무시한 힘으로 몰아치는 파도 때문이었다. 양발을 모두 담근 순간 초강력 휩쓸림에 균형을 잃고 바로 고꾸라져 버렸다. 사람들이 불과 1미터 앞에서 서핑을 즐기는 그런 바다에서 익숙하고 여유롭게 수영하는 사람들이 새삼 대단해보였다. 두 명의 후안과 파울리도 개의치 않고 수영을 즐기고 있는데 나는 아직 완치되지 않은 발목 때문에 더 이상의 물놀이는 불가능했다. 아쉬움을 뒤로 하고 뭍으로 올라왔다. 대신 뜨끈한 모래 속에 발을 담구고 욱신거리는 발목을 다독였다. 잠깐 올라온 친구들은 큰 구덩이 속에 나를 파묻더니 다시 수영을 즐기러 갔다. 얼굴만 내밀고 뜨끈한 모래 속에 파묻혀 있으니 노곤한 게 오랜만에 찜질방에 온 기분이 들었다.

수영을 마친 친구들과 리마 후안의 추천 맛집으로 자리를 옮겼다. 을왕리 조개구이 집처럼 호객행위를 하는 아주머니 사이를 가로질러 식당으로 들어왔다. 리마에서 꼭 먹어야 한다는 세비체 cebiche와 도미(로 추정되는 생선)을 튀긴 음식인 치라론 데 페스카도 Chicharon de pescado를 주문했다. 세비체는 페루의 전통 음식으로 라임 같은 산도가 있는 과일에 생선회를 숙성시킨 다음 야채와 버무려

먹는 음식이다. 특히 리마는 원재료의 산지인 바다와 가까워 그 맛을 알아준다고 해서 먹어보고 싶었는데 후안이 센스 있게 주문해주었다.

먼저 나온 생선튀김을 흡입하는 사이 뽀얀 국물의 세비체가 나왔다. 회라고 부르기에는 한 번 데친 듯한 비주얼이었지만 맛은 일품이었다. 베이스 특유의 새콤한 맛이 탱탱한 회와 만나 입안에서 부드럽게 녹아내렸다. 모두의 입맛에 맞았는지 금방 동이 나버린 세비체 접시로 리마 후안의 숟가락이 다시 향했다. 세비체의 뽀얀 국물은 타이거 밀크Tiger milk로 불리는 건강식이란다. 이제 보니 옆 테이블은 국물만 컵으로 시켜 벌컥벌컥 들이켜고 있었다. 생선 내장과 육수로 만들어졌을 것으로 추정되는, 고수 향이 가득한 이 뽀얀 국물을 마시면서 리마 후안과 칠레 후안은 슈퍼맨이라도 되는 듯 알통을 들어보였다. 파울리와 나도 한 모금 마시고 으르렁 호랑이 시늉을 했다. 우리의 흥겹고 힘이 넘치는 바다여행은 이렇게 마무리됐다.

- 리마 다이어리 5: 리마의 모습들

2월의 리마 날씨는 사람을 쥐락펴락한다. 리마의 건물은 해발고도 120미터 높이의 해안단구 위에 있는데도 다섯 시 반쯤 눈을 떠 대문 밖으로 나가면 10미터 앞이 보이지 않을 정도로 안개가 자욱하다. 숙소는 해안가에서 500미터 정도 떨어져 있어 그럴 만하다 싶지만 해안에서 2킬로미터가 넘게 떨어진 동네까지 안개가 자욱하다.

해가 뜨고 열한 시 무렵이 되면 안개는 싹 걷히고 해가 쨍하니 뜨고 습해진다. 이 날씨가 굉장히 묘한 것이, 습한 정도가 우리나라만큼은 되지 않아 아침에 끼었던 안개 분자들이 살짝 데워진 것 같은 느낌이다. 오히려 안개가 강하게 낀 날이 더 덥고 화창하다. 앞에서도 말했듯, 1~15까지의 자외선 지수 중 이곳은 14나 돼서 3분만 해를 받아도 홍반이 생긴다고 한다. 실제로 해안에서 3분 정도 해를 봤는데 반바지 밖으로 드러난 부분이 그대로 탔다.

보통 해가 이렇게 쨍하면 여름에 비가 굉장히 많이 올 것 같은데 정반대다. 비가 전혀 오지 않는다. 안개와 건조함은 모두 차가운 훔볼트 해류가 대기를 안정시키기 때문이다. 이 훔볼트 한류의 영향을 받아 남아메리카 서쪽해안, 특히 칠레에 길게 아타카마 사막이 형성되었다.

이에 적응한 모습은 과거 건축물에서도 잘 드러났다. 리마 센트로에 가보면 밖으로 돌출된 목조 발코니를 쉽게 볼 수 있고 목조건물도 굉장히 많다. 이렇게 비가 잘 오지 않아 목조를 사용할 수 있었다. 대륙사막과 달리 이 지역은 가옥의 창문이 작지 않고 지붕이 평평하지 않다. 오히려 그 빛을 이용해 낮에는 조명 대신 사용한다. 이런 형태는 지리적 특징과 더불어 스페인 건축양식이 묻어 있기 때문일 것이다.

건조한 지역이라고 하기에는 푸르른 잔디가 아주 잘 유지되어 있는데, 곳곳에 설치된 스프링클러와 물 관리 덕분이다. 호스에서 쏟

아지는 남다른 물줄기를 보며 '아, 이곳이 비가 내리지 않는 곳이 맞구나' 확인할 수 있었다.

리마의 해는 여섯 시가 지나면 똑 떨어진다. 태평양을 넘어가는 짧지만 은은한 리마의 노을은 마음을 차분히 가라앉힌다. 밤이 되면 언제 해가 쨍쨍했냐는 듯 쌀쌀해지고, 때로는 차가운 바람이 불어오기도 한다. 일교차가 매우 커서 감기 걸리기에 딱 좋다. 이것도 건조하기 때문인데, 낮에도 그늘에 가면 금세 쌀쌀함을 느낄 수 있다.

리마에 살고 있는 한 블로거의 글을 보았는데, 이곳의 겨울(5월 이후)은 매우 습하다고 한다. 해가 거의 나지 않고 무지막지하게 습해서 양초가 불티나게 팔린다고 했다. 내가 묵은 호스텔의 도미토리 침대는 나무가 아니라 타일로 만들었는데, 겨울이 습해서 나무보다는 타일이 위생적으로 좋기 때문이 아닐까하고 추측해봤다. 꼭 겨울에 다시 찾아와 '겨울이 습해서 목조침대를 이용하지 않는데 발코니는 나무인 이유' 같은 궁금증을 해결해야겠다.

- 리마 다이어리 6: 안녕

드디어 대사관에서 연락이 왔다. 한국에서 보낸 여권이 딱 일주일 만에 도착한 것이다. 한달음에 대사관으로 달려가 여권을 받았다. 방금 산 흰 도화지처럼 도장 하나 없는 새 여권이 쓸쓸하긴 했지만 품에 안았다는 것으로 만족했다. 하지만 여권을 받는 것으로 끝이 아니라 이민청에서 입국도장을 이첩하는 절차도 거쳐야 했다. 여권을 받은 날에는 이미 업무가 끝난 탓에 주말을 지나 월요일에나 리마를 뜰 수 있었다.

남은 주말 동안 이곳에서 일하는 로사한테 실 팔찌 만드는 법을 배워 여러 개 만들었다. 후안, 필라르, 로사 그리고 함께 일하는 로사의 삼촌과 엄마에게 줄 것까지 만들어 하나씩 선물했다. 손이 빠른 로사의 엄마는 그 자리에서 발찌를 만들어 이 발찌가 널 지켜줄 거라는 기원과 함께 내 발목에 채워주었다. 일요일 아침에는 그동안의 숙박비를 필라르에게 전했다. 아쉬운 인사가 오고 가는 가운데 그녀는 쿠스코는 춥고 위험하니 더 많은 기도가 필요하다며 오늘 꼭 마지막으로 마사지를 해주겠다고 이야기했다. 염치도 없이 모칠레노에서 마지막 밤까지 그녀에게 내 발을 내밀었다. 그녀 덕분에 앞으로의 여행이 든든해질 것만 같다.

월요일은 금세 찾아왔다. 이민청에서 이첩 신청을 마치고 돌아와 가족들과 작별했다. 항상 일이 끝나면 내 옆에 붙어 놀던 로사와 하염없이 끌어안으며 인사하고, 고마웠던 리마 후안과 필라르와도 진한 포옹을 나눴다. 덕분에 잘 쉬고 간다고, 이곳에 있어줘서 정말 고맙다고 입이 닳도록 말하며 모칠레노를 떠나왔다.

드디어 마추픽추

다시 돌아온 쿠스코에 이전과 다르게 비가 내렸다. 애증의 쿠스코이긴 해도 마음 속에 남아 있는 혜민이의 온기 덕분에 포근했다. 복사, 붙여넣기를 하듯 전에 묵은 호스텔에 짐을 풀고, 같은 여행사에서 마추픽추행 콜렉티보를 예약했다.

그래도 한 번 가본 길이라고 5000미터 고도가 크게 무섭지 않았다. 운 좋게도 차의 보조석 자리에 앉은 덕에 풍경을 구경할 수 있어였을지도 모른다. 지난번에는 자느라 보지 못한 풍경이 하나 둘 눈에 들어왔다.

남미의 큰 줄기인 안데스산맥이 아무리 엄마처럼 든든한 산이라고 하더라도 고도 4000~5000미터 가까이에서 살아간다는 것은 참으로 녹록지 않은 일이다. 한여름에도 기온이 낮아 풀조차 자라지 않는 이곳에서는 농사를 짓기도 동물을 기르기도 힘들다. 주변에 굴러 떨어진 돌을 대충 쌓아올려 거처를 만들고, 나무가 있는 곳까지 내려가 땔감을 구해온다. 아이들은 지나가는 차를 멈춰 세워 끼니를 해결하기도 한다. 내가 탄 콜렉티보의 운전기사는 휴게소에서 산 햄버거와 음료수, 집에서 가져 온 샌드위치를 운전석 오른편에 잘 넣어두었다가 아이들이 보일 때마다 창밖으로 건넸다. 준비해온 것이 떨어지자 자기가 먹으려고 놔둔 바나나, 판초, 심지어 쓰다만 휴대용 휴지 뭉치도 주었다.

이런 척박한 환경에서 마을을 이룬 마추픽추는 과연 어떤 곳일까? 차로 하루 종일 달리고도 하룻밤을 더 자야 도착하는 여정, 오는 길에 본 첩첩 산중과 원주민들의 삶, 어느 각도에서도 털끝 하나

내보이지 않는 공중도시가 어떻게 번영할 수 있었는지, 어떤 모습을 남긴 채 그렇게 한 순간에 사라져야만 했는지 궁금증 상자에 하나 둘 질문을 넣었다.

그 사이 이드로 일렉트리카에 도착했다. 전날 큰 비가 왔다더니 산 벽 곳곳에서 전에 보지 못한 큰 폭포들이 생겨 있었다. 옆 사람 목소리도 잘 안 들리는 거센 물살이었다. 저번에도 담당 가이드였던 잘 생긴 청년, 기도^{Guido}가 또 본다며 반갑게 맞아주었다. 이번에는 기차를 타고 아구아스 칼리엔테스까지 향했다. 머리 위로 뚫린 창문 밖으로 마추픽추의 비밀을 품은 산봉우리가 가까워졌다.

다음날 새벽 세 시. 서둘러 조식을 먹고 마추픽추 입구까지 가는 버스에 몸을 실었다. 20분 정도 고불고불 비탈길을 오른 뒤 만난 매표소 앞에는 더 일찍 일어나 여기까지 걸어올라 온 여행객들이 줄을 서 있었다. 개장하자마자 마추픽추를 한눈에 볼 수 있다는 파수꾼의 집으로 올라갔다. 근데 웬걸. 짙은 안개인지 구름인지 모를 연기가 마추픽추를 모두 가렸다. 어떻게 온 마추픽추인데! 허탈한 웃음이 나왔다. 원래 못 볼 풍경이었는데 욕심을 부렸나 싶기도 했다. 같이 올라온 몇몇 여행자들은 다른 곳으로 발을 옮기고 몇 명만이 이곳에서 해 뜨기를 기다렸다.

드디어 구름이 서서히 걷히더니 마추픽추의 모습이 하나 둘 드러났다. 가장 가까운 곳부터 하나씩 차례로 드러나는 돌담이 마침내 하나의 마을을 이루었다. 군더더기 없이 사진에서 보던 모습 그대

로였다. 그 대신 사진에는 없는 우르밤바 강의 거센 물소리와 차가
운 바람, 깊게 들이쉬는 사람들의 숨소리가 함께 느껴졌다. 마추픽
추의 감동은 단순히 인간이 만들어낸 경이로운 작품이라는 점에서
오지 않았다. 오랫동안 이곳을 지켜온 자연과, 잉카의 시간과, 현재
의 시간이 호흡하며 만든 것이었다. 파수꾼의 집에서 한참, 우르밤
바 강이 보이는 담장에서 한참을 앉아 잉카의 시간을 음미했다. 마
추픽추의 과학성이나 잉카인의 지혜를 일일이 찾아 듣기보다 더 깊
은 정답을 얻은 듯 했다.

춤추고 노래하라

매 순간 잘 즐기는 법을 아는 남미사람들. 때로는 혀를 내두를 정도로 순간순간이 즐거운 그들을 보면 개그맨이라는 직업이 굳이 필요하지 않겠다는 생각이 들곤 한다.

마추픽추를 보고 내려와 기차를 타고 이드로 일렉트리카에 내리니 있어야 할 콜렉티보가 보이지 않았다. 가이드 기도의 안내에 따라 도착해보니 차 대신 긴 줄이 먼저 보였다. 알고 보니 전날 거센 강물이 다리를 끊어버려 와이어에 매달린 바구니를 타고 반대편으로 건너가야 한단다. 강 건너에는 여행자를 기다리는 콜렉티보와 이쪽으로 넘어오려고 기다리는 사람들이 기차처럼 줄지어 있었다. 위태로워 보이는 와이어에 도르래를 매달고, 허술하게 생긴 바구니에 두 명씩 태워 보내고 받는 시스템. 내 차례가 되려면 적어도 두 시간쯤은 기다려야 할 것 같았다. 강물은 거세지는데 줄은 짧아질 생각을 하지 않았다.

"와, 정말로 마추픽추에서 순탄할 수는 없는 거야?" 놀라움의 박수가 절로 나왔다.

그런데 그곳에서 초조해 보이는 건 나뿐이었다. 기차역에서 친해진 칠레 친구들은 이미 수풀에 자리를 잡고 앉았고, 다른 여행자들은 그 옆에서 버너까지 꺼내 밀크티를 끓이고 있었다. 그리고 세상 편한 얼굴로 뙤약볕에 서 있는 나를 불러 앉혀 뜨뜻미지근해진 맥주를 건넸다.

　"아무래도 우리 차례가 되려면 한참 걸릴 것 같으니 그냥 여기 앉아 맥주나 마시고 노래나 부르고 있자고."

　그동안 나름 남미사람들의 낙천적인 성격에 가까워졌다고 생각했는데, 나는 여전히 마음 급한 한국인이었다. 등하굣길 환승역. 조금이라도 빨리가려고 서로를 밀치고 달리는 사람들로 밀림의 왕국이 되는, 서로에게 양보하는 일은 미담이 되어버리고 열차가 지연되기라도 하면 한숨과 초조함이 지하철 안에 번지는 그런 빠른 삶에 익숙한 한국인 말이다.

　맥주를 받아들고 "샬룻(건배)!"을 하고 줄이 조금 줄면 "올레"를 외쳤다. 이내 초조함은 강물에 떠내려가고 우리 뒤로도 줄이 한참

길어졌다. 기도에게도 맥주를 건넸더니 사장 눈치를 슬쩍 보곤 꿀꺽 받아마셨다(알고 보니 기도는 중학생이었다). 칠레 친구들의 선창으로 주변 사람들과 노래를 부르기 시작했다. 국가인지 응원가인지 알 수 없는 '치치 쿰치치' 흥겨운 라틴음악의 템포는 금세 축제 분위기를 만들었다.

시간이 지나 몇몇 사람들은 마지막 기차를 타고 아구아스 칼리엔테스로 돌아갔고, 물살이 더 거세져 도르래로도 이동이 불가능해지자 남은 사람들은 임시 다리가 완공되길 기다렸다. 해는 저물어 공사장에서 비춰지는 라이트와 가끔씩 보이는 서로의 반짝이는 눈빛밖에 느껴지지 않았다. 다시 노래가 울려퍼졌다. 그 캄캄한 어둠 속에서도 노래는 그칠 줄 몰랐다.

완전히 깜깜해진 밤. 드디어 다리가 완공됐다. 건너라는 신호와 함께 환호성이 터져나왔다. 칠레 친구들은 (키만) 작은 내가 다칠까 먼저 다리를 건너게 해주었다. 덕분에 엄청난 물소리와 누런 흙탕물을 자랑하는 우르밤바 강 위를 무사히 건넜다.

강을 건너자마자 폭우가 쏟아졌다. 하지만 더 이상 절망적이지 않았다. 그동안 힘을 주던 액땜의 마법이 아니었다. 이 비를 맞으면서도 노래하고 춤출 수 있는 남미사람들의 무한한 긍정을 배운 덕분이다.

4. 볼리비아

사진 속 그곳을 찾아서: 라파즈 La Paz

파란만장한 페루를 떠나왔다. 힘들었어도 정이 들었는지 발을 떼기가 쉽지 않았다. 국경을 넘어 도착한 볼리비아는 다른 나라보다 입국심사가 까다로웠다. 볼리비아는 남미에서 유일하게 비자가 필요한 나라라 쿠스코에서 받아둔 비자를 비롯해 한국에서 맞은 황열병 주사 확인서, 에볼라에 관련한 문진표도 작성해서 제출해야 했다. 첫날을 티티카카 호수 안에 있는 태양의 섬에서 묵고 나와 볼리비아의 실질적인 수도 라파즈로 향했다.

고도 3600~4500미터의 산길을 오르내리는 통에 잠시 잠이 들었다 일어나봐도 여전히 4300미터. 창밖에는 엄청난 평지가 펼쳐져 있었다. '우와, 넓다' 하고 다시 자려는 순간, 이곳이 4000미터가 넘는 고지라는 사실을 다시 한 번 인지했다. 이 높은 곳에 평지라니! 기온은 16도를 가리키고, 하천이 흐르는 곳에는 어김없이 사람이 살고, 소가 많은 것도 신기했다. 몽골에서는 이 고도에서 털이 북슬북슬한 야크들이 살고 있었다. 위도를 확인하니 16.3226S. 아직 저위도 영향권에 가까운 것을 확인할 수 있었다. 라파즈는 엄청난 분지 도시라던데 과연 이 평지 끝에 어떤 모습으로 자리 잡고 있을지 궁금해졌다.

라파즈는 치안이 위험하다고 알려진 도시 중 하나다. 확실히 이전 도시들보다 무질서하고 칙칙한 분위기가 감돌았다. 특이하지만 나는 볼리비아에서 가장 유명한 우유니 소금사막보다 이곳에 더 오고 싶었다. 이 생각은 가장 내가 처음 남미를 접한 여행 에세이의 사진 한 장에서 시작되었다.

중앙을 가로지르는 도로를 따라가다 보면 전선과 건물이 들어찬 도시가 나온다. 빽빽하게 들어찬 도시에 감탄할 즈음 그 뒤로 광활하게 황무지의 자연이 펼쳐지는 광경. 인간이 가소롭다고 하는 듯한 자연의 비웃음이 느껴지는 것만 같아 한동안 그 사진에서 눈을 떼지 못했다.

라파즈에서의 하루는 이 사진의 흔적을 찾으면서 이어졌다. 첫 번째 후보지는 도시가 한눈에 보일 것 같은 분지 위쪽이다. 마을과 마을을 이어주는 케이블카를 타고 분지 위로 올라가니 가는 날

이 장날이라고 큰 장이 서 있었다. 생활용품부터 구제 의류, 학용품에 중고차까지 있을 만한 것은 다 팔고 있었다. 풍경 찾기는 잠시 잊고 시장 구경에 나섰다. 미국에서 날아온 로션, 중국에서 날아온 손톱깎이, 독일에서 날아온 색연필, 요즘 핫한 엑소EXO 같은 우리나라 아이돌이 그려진 책받침도 있었다(여기 와서까지 발동된 필기구 욕심 때문에 색연필과 연습장을 들었다가 겨우 참았다). 전 세계 각지에서 모인 최신 물건과 달리 사람들의 복장은 여전히 전통적이었다. 특히 풍채를 커 보이게 하는 화려한 캉캉치마와 새 한 마리는 거뜬히 들어갈 법한 커다란 모자를 쓴 여성들의 복장이 눈길을 사로잡았다. 여러 사람들이 함께 시대의 변화에 따르지 않고 자기의 것을 지켜간다는 게 새삼 신기했다. 정신을 차리고, 케이블카를 타고 다시 아래로 내려왔다. 상당히 흥미로운 곳이었지만 원하던 모습은 아니었다.

두 번째 후보지는 라파즈에 온 사람들이 꼭 가본다는 마녀시장 Mercado de Las Bjas. 책에서 그냥 걷다가 우연히 본 풍경이라고 했으니 이곳에서 보일 가능성이 있었다. 마녀시장은 주술적인 의미가 담긴 물건을 파는 시장이다. 길을 걷다 섬뜩한 기분이 들면 그때부터 마녀시장이 시작된다더니 정말 분위기가 갑자기 바뀌는 구간이 있었다. 조용한 거리에 전통 옷을 입은 상인들이 나른한 표정으로 의자에 앉아 사람들을 바라보고, 상점에는 바싹 말리거나 박제한 라마의 태아가 걸려있었다. 집을 새로 지을 때 묻어두면 행운이 깃든다는 미신 때문이라는데 라마 수십 마리가 상점마다 걸려 있으니 소름이 절로 돋았다. 라마가 아니더라도 신문지에 말려둔 색색의 약

초와 도깨비 얼굴이 그려진 조각돌, 용도를 알 수 없는 약품들이 묘한 분위기를 자아냈다. 풍경이고 뭐고 싸늘함을 견딜 수 없어 도망치듯 마녀시장을 빠져나왔다.

두 곳만 다녀왔는데 벌써 오후가 되었다. 밥도 안 먹고 돌아다녔더니 출출해 길거리에서 감자요리 하나를 사 먹으며 세 번째 후보지로 향했다. 가장 가능성이 높은 곳으로, 지금까지 간 곳과 정반대편에 있는 라이카코타Laikakota 전망대다. 점점 높아지는 경사를 보니 이번에는 확실히 그 곳을 찾을 수 있을 것 같다는 좋은 예감이 들었다.

그 예감은 정확히 들어맞았다. 드디어 찾았다. 완전히 같은 장소는 아니어도 보고 싶던 그 느낌을 그대로 간직하고 있었다. 실제로 보니 감동은 몇백 배로 컸다. 건물이 빼곡하게 들어선 도시가 끝나자마자 펼쳐지는 첩첩산중. 그 자연은 사진보다 더 우직하게 자리를 잡고 버티고 있었다. 인간은 정말 나약한 존재구나. 우리가 개미집을 보면서 깨닫듯 결국 우리도 거대한 자연의 품 안에서 개미집을 짓고 있을 뿐, 홍수가 나면 휩쓸려 떠내려가는 개미 떼와 마찬가지로 정말 나약한 존재라는 것을 다시 한 번 느꼈다. 그러한 존재가 자연과 인간의 대화를 연구하는 지리학을 공부한다는 게 참으로 부끄럽기도, 자랑스럽기도 하다.

드디어 찾았다.

완전히 같은 장소는 아니어도 보고 싶던 그 느낌을 그대로 간직하고 있었다.

실제로 보니 감동은 몇백 배로 컸다.

건물이 빼곡하게 들어선 도시가 끝나자마자 펼쳐지는 첩첩산중.

버스 파업

라파즈에서 볼리비아의 헌법상 수도인 수크레Sucre라는 마을로 넘어온 지 이틀째 되던 날이었다. 늦은 밤. 포토시Potosi에 가 있어야 할 독일인 여행자가 지친 기색을 안고 다시 방으로 돌아왔다. 무슨 일인지 물으니 볼리비아 버스회사의 파업 때문에 목적지 근처까지 갔다가 다시 돌아왔다고 한다. 다음날 아침 각각 포토시와 우유니로 떠나기로 한 나와 옆 침대의 다현 언니는 어안이 벙벙했다. 우리나라처럼 일부 노선을 미운행하는 정도가 아니라 발조차 들일 수 없는 어마 무시한 파업이었다.

다음날 아침. 걱정 반 기대 반으로 일단 배낭을 둘러매고 버스터미널로 향했다. 터미널 복도는 이미 발길이 묶인 사람들의 웅성거림으로 가득했다.

포토시, 우유니, 비야손Villazon 버스 파업!

일말의 기대가 있었지만 새벽 및 아침 버스는 출발조차 하지 않았고 저녁 버스도 그때 가봐야 알 수 있단다. 덧붙여 우유니는 불확실하고 포토시는 저녁에도 가능성이 희박하다는 안내를 받았다. 우리는 전날 만난 독일인 여행자처럼 숙소로 돌아왔다. 포토시로 가려면 적어도 며칠은 기다려야 할 것 같아 고민에 빠졌다. 시간도 많으니 수크레에서 며칠 간 힐링하면서 머물다 가면 정말 좋겠지만,

페루에서 생각지 못하게 돈을 많이 쓴 탓에 움직여야 했다. 아쉽지만 포토시는 포기하고 저녁에 다현 언니와 우유니로 다시 시도해보기로 했다.

저녁에 도착한 터미널은 아침과 별반 다르지 않은 분위기였다. 오히려 아침보다 더 많은 사람들이 복도를 메웠다. 역시나 또 파업……. 속수무책으로 기다리다 우유니 행 버스가 출발할 가능성이 있는지 물어보려고 직원을 불러 세운 순간, 극적으로 우유니 행 버스가 출발한단다! 고민할 여지없이 차에 올랐다. 좋은 등급이라던 버스는 오래된 시골버스 수준이었고, 냉기와 현지인이 풍기는 특유의 냄새가 함께 스물 스물 올라왔다. 일단 지금은 갈 수 있음에 감사해야 했다.

잘 달리는 것 같던 버스는 비야손 부근에서 멈춰 섰다. 파업 노동자들이 길을 막고 선 것이다. 정전인지 밖에는 칠흑 같은 어둠이 내려앉았고, 앞뒤에서 클랙슨 소리와 호루라기 소리만이 공백을 깨며 울었다.

'아, 이렇게 다시 수크레로 돌아가는구나.'

모든 마음을 내려놓고 기다리길 몇 시간. 버스가 다시 움직이기 시작했다. 한 시간가량 핸드폰을 붙잡고 GPS로 버스가 향하는 방향에 집중했다. 다행히도 버스는 비야손을 지나 우유니로 향하는 유일한 길로 들어섰다. 그제야 맘 편히 잠들 수 있었다.

이 일로 남미를 여행하고 싶다는 사람들에게 해줄 말이 생겼다. "아무리 단기여행이어도 일정 넉넉히 잡아." 모든 일이 마음먹은 대로만 되지 않기 때문이기도 하지만, 볼리비아에서 겪은 파업 때문에라도 굳이 이 말을 강조하곤 한다. 볼리비아에서는 '나에게 일정을 맡기기보다 볼리비아에 일정을 맡기는 편이 낫다' 싶을 정도로 빈번하고 기나긴 파업에 발목을 묶이곤 하니 말이다. 길게는 몇 주 동안 이어지기도 한다는데, 이런 상황에 당황하지 않으려면 시간을 넉넉히 잡아두고 다른 경로를 미리 알아봐두는 편이 좋다.

우유니를 만나기 좋은 날

머리 위로 쏟아지는 은하수, 발밑에서 흐르는 은하수.
사진을 뒤집어도
머리 위로 쏟아지는 은하수, 발밑에서 흐르는 은하수.

은하수는커녕 별자리 하나도 제대로 볼 수 없는 도시 촌년에게 우유니 소금사막을 찍은 사진은 신나는 충격이었다. 게다가 이곳이 3000미터 이상의 고지대에 있는 사막이고 그냥 사막도 아니고 소금사막이란다. 여기서 끝이 아니라 물까지 차 있는 사막이라고? 찾으면 찾을수록 우유니 소금사막은 양파처럼 매력적인 요소를 끊임없이 뿜냈다. 물이 차지 않은 곳은 소금결정이 육각형으로 굳어 신기한 광경을 연출하고, 사람들은 원근감을 이용해서 재미있는 사진을 찍는다. 플랑크톤 때문에 붉게 물든 호수에는 플라밍고가 살고,

볼리비아와 칠레 국경 부근에는 간헐천도 있단다. 이러한 사실들은 지리학도의 호기심을 자극하기에 충분하고도 넘쳤다.

다만 조금 까다로운 구석이 있다. 1년 365일 내내 같은 우유니의 모습을 볼 수 있는 것이 아니라 몇 가지 조건이 맞아야 한다. 우선 건기와 우기를 잘 맞춰야 한다. 특히 발아래에 펼쳐진 하늘이 보고 싶다면 우유니 사막에 물이 차는 우기의 맑고 화창한 날이어야 한다. 두 번째는 달. 우기에 날씨가 적당한 날 잘 도착했다면 달이 가장 작은 날 가야 하늘을 빈틈없이 밝히는 별들의 향연을 볼 수 있다. 우유니 소금사막에 큰 목적을 두고 온 몇몇 여행자들은 좋은 날씨와 작은 달을 기다리느라 일주일 이상씩 기다리기도 한다.

더불어 주의할 점도 있다. 발길 닿는 데마다 아름답기 그지없는 이곳도 '사막'임을 간과해서는 안 된다. 사막은 원근감이 없기 때문

에 손에 닿을 듯 가까워 보여도 몇백 킬로미터 떨어져 있을 수 있어 길을 확실히 분간할 줄 아는 사람이 동행해야 한다. 간혹 자신의 감각만 믿고 차를 빌려 사막에 들어갔다가 실종되는 사례도 있다고 했다. 나와 같은 여행자들을 위해 여러 투어사가 길잡이 역할을 책임지고 있다. 부수적이지만 중요한 것이 있다면 아무래도 같은 차를 타는 일행의 성격이다. 일행의 성격에 따라 흥분, 감상, 소박 등 우유니를 느끼는 분위기가 달라질 수 있기 때문이다.

내가 우유니에 도착한 날은 우기에서 건기로 넘어가는 3월, 날이 흐리고 정월대보름만큼 큰 달이 뜨는 날이라 아름다운 우유니를 보지 '못 할' 요소를 조목조목 갖춘 날이었다. 그래도 우선 한국인들이 많이 찾는, 이른바 사진을 가장 잘 찍는다는 여행사에 투어를 예약했으니 믿고 출발했다.

인원수를 체크하는 경비소를 지나 차가 우유니 소금사막에 들어선 순간 깨달았다. 그동안 끝없이 펼쳐졌다는 표현을 엄한 곳에다 쓰고 있었다. 이 표현은 이 순간에 써야 마땅했다.

"순백의 땅이 끝없이 펼쳐졌다."

어느 정도냐 하면 너무 하얘서 선글라스를 벗고는 도저히 밖을 바라볼 수 없었다. 아무리 달려도 제자리걸음인 것만 같은 광활함 속에서 파란 하늘만을 배경삼아 달리고 달렸다. 이정표나 도로도 없는 순백의 소금 천지에서 찰떡같이 길을 찾아가는 가이드가 신기했다. 실제로 소금을 채취하고 있는 광산에 잠시 들렀다가 끈질기게 생명을 이어가는 커다란 선인장의 터전인 물고기 섬Isla del Pescado 으로 이동했다. 순백의 소금사막에 덩그러니 놓인 물고기 섬을 보고 있으니 바다였을 우유니의 모습이 머릿속에 그려졌다. 우기 때 물이 차면 정말 섬이 된다던데, 그 모습이 꽤 궁금했다.

잠시 주어진 자유 시간을 틈타 소금사막 위에 섰다. 메마른 땅은 커다란 소금결정처럼 육각형으로 굳어 있었다. 같은 차를 타는 한국인 신혼부부도 소금 위에 마주보고 앉았다. 그들은 서로의 모습을 각자의 카메라에 담다가 그대로 하늘을 향해 누워버렸다. 사랑하는 사람과 우유니 소금사막에 누워 바라보는 하늘이란, 아마도 세상을 다 가진 기분일 것 같았다. 너무나 로맨틱한 장면이라 몰래 카메라에 그 모습을 담았다. 그리고 나도 슬쩍 따라 누워 따끈한 소금 침대의 온기를 느꼈다. 천국이 있다면 분명 이런 풍경이 아닐까 싶었다.

지프차가 다시 달렸다. 이젠 얼마나 달렸는지도 가늠이 가지 않았다. 우유니 소금사막은 원근감이 없기 때문에 재미있는 모습을 연출해서 사진을 찍을 수 있는데, 인적이 드문 곳에서 드디어 사진 촬영이 시작됐다. 오늘을 위해 단단히 준비해온 콜롬비아인 후안 덕분에 과자 통에 들어가는 사진, 공룡과 축구하는 사진, 깡통 위에 올라가는 사진, 소인이 된 사람들을 먹어버리는 사진까지 찍으며 '한복입고 우유니 소금사막 가기'라는 버킷리스트를 원 없이 이룰 수 있었다.

해가 질 무렵까지 사진을 찍고 물 찬 우유니를 만나려고 또 다시

"순백의 땅이 끝없이 펼쳐졌다."

자리를 옮겼다. 건기로 넘어가는 시점이라 물이 찬 곳을 찾는 데 한참이 걸렸다. 도착한 곳도 완전히 물이 차 있지는 않았다. 게다가 해가 떨어지면서 강해진 바람에 수면이 일렁거려 물에 투영된 하늘을 보기는 어려웠다. 기온마저 떨어져 다들 차 안에 들어와 노을을 기다렸지만 잔뜩 낀 구름이 붉은 노을을 감추어 버렸다. 아쉬운 대로 물 찬 우유니의 모습은 일출투어때 보기로 하고 기회를 넘겼다.

다음 날 새벽 세 시. 일출투어를 가야 하니 단단히 껴입고 지프차에 올랐다. 혹시나 물이 묻거나 동상을 입을 상황에 대비해 양말 위에 봉지를 씌우고 양말을 한 겹 더 신었다. 지프차는 물 찬 우유니를 향해 달렸다. 해발 4000미터가 넘는 곳에 있는 사막의 새벽 추위는 말로 표현할 수 없었다. 패딩에 기능성 티까지 껴입었음에도 냉기가 몸속으로 파고들었다.

달리고 달려 도착한 곳에는 두 개의 커다란 보름달이 떠 있었다. 10분 정도만 걸으면 닿을것같이 크고 가까웠다. 달에게 가보겠다며 걷던 일행 하나가 순식간에 조그매졌다. 50미터 남짓 걸어도 이렇게 작아지는데 대체 달은 얼마나 크기에 멀리서 보아도 이렇게 큰지 가늠하기 어려웠다.

시간이 흐를수록 두 개의 달은 서로에게 가까이 다가섰다. 맞닿은 달은 눈사람이 되었다가 점차 작아지더니 하나의 점이 되어 수평선 너머로 사라졌다. 반대편 하늘은 이제 검은 옷을 갈아입기 시작했다. 깊고 진한 여명이 수평선을 사이에 두고 물과 하늘로 동시에 번져갔다. 진하게 더 진하게 붉은 기운이 시공간을 메웠다.

　서서히 밝아오는 하늘에 맞춰 차에서 자던 가이드가 일어났고, 우리도 사진을 찍으며 우유니와 한 몸이 되는 시간을 보내고 마을로 돌아왔다.

나는 아직 초보 여행자

준비성 철저한 팀원을 만나 재미있게 사진을 찍었고, 한복을 입고 새하얀 사막 위에서 버킷리스트도 이뤘고, 하늘과 땅이 이루는 데칼코마니의 일부가 되어 우유니 사막을 즐기고 왔다. 하지만 지금, 나는 우유니가 선명하게 떠오르지 않는다.

　'어쩌다 이렇게 되어버렸을까?'

　우유니에서 나는 다시 초보여행자로 돌아갔다. 지금껏 해온 여행을 통틀어 가장 건방진 모습의 여행자. 우유니 소금사막에 녹아들 생각보다는 내가 돋보이고자 했다. 사진을 가장 잘 찍고, 포토 포인트를 잘 아는 가이드가 있는 투어사에 영업 시간 전부터 줄을 서 예약했다. 게다가 팀원이 재미있는 사람이길 바랐고, 사진이 잘 나온다는 흰 장화를 고르느라 고군분투했다. 모든 행동의 초점을 '사진' 그리고 우유니에 놓인 '나'에게 맞췄다. 그리고 흔히 말하는 인생샷을 건지려고 부단히 애를 쓰다가 돌아왔다. 그러다 보니 흐린 날에 간 일몰투어는 해도 다 지기 전에 침울하게 끝이 났고, 보름달이

쨍했던 일출투어는 별을 보지 못한 아쉬움으로 가득했다.

좀 더 우유니를 위해 고군분투했다면, 그 순간에 스며들려고 발 버둥을 쳤더라면 어둑한 하늘을 사랑했을지도, 커다란 달이 반가웠 을지도 모른다. 이미 지나버린 일을 후회하는 것은 어리석지만 우 유니에서 보낸 3일은 후회가 크다.

아무래도 버킷리스트를 이루었다고 표시한 줄을 지우고 우유니 사막에 다시 가야겠다. 그때는 과감히 카메라를 내려놓고, 우유니 를 사랑하는 여행사를 찾아 조용히 우유니의 모습에 스며들어야겠 다.

제2부
머물다. 여행과 일상의 경계

5. 아르헨티나: 1

선

국경을 넘을 때면 항상 아쉬움과 부러움이 남는다. 우리가 분단되지 않았더라면, 통일이 되었더라면 국경이 그리 어려운 존재가 아니었을 텐데라는 아쉬움, 러시아로 중국으로 몽골로 그리고 유럽뿐만 아니라 아프리카 끝까지 거침없이 넘어 다녔을 텐데라는 부러움 말이다.

벌써 네 번째 국경이다. 처음에는 스스로 국경을 찾아가는 일이 어색하기만 했는데 이제는 몸에 익어 물 흐르듯 자연스러워졌다. 볼리비아 우유니에서 기차를 타고 비야손에서 내려 택시를 타고 국경을 넘고, 거기서 아르헨티나 라키아카^{La Quiaca} 터미널까지 다시 택

시를 타는 복잡한 경로였지만 헤매고 있는 일본인 여행자 무리까지
구출해가며 착착 찾아왔다.

아르헨티나와 볼리비아의 국경에는 이른 시간인데도 이미 엄청
난 인파가 몰려 있었다. 늘 한산하기 짝이 없던 국경과 다른 모습
에 흠칫 놀랐다. 다리 넘어서까지 길게 늘어선 줄에는 여행자보다
볼리비아 주민이 더 많았다. 내가 알기로는 아르헨티나와 볼리비
아 사이의 관계가 좋지 않아 통과절차가 까다롭다고 했는데, 어쩐
지 이미그레이션 특유의 긴장감이나 설렘, 초조함이 없다. 다들 그
냥 대충 도장 찍고 넘어가고 싶어 하는 눈치. 직원에게 슬쩍 돈을 쥐
어주고 새치기하는 사람도 번번이 눈에 띈다. 내가 째려보자 민망

한지 눈을 피했다. 이미그레이션 부스에서도 볼리비아 직원이 도장을 쾅 찍고 사인을 하면, 아르헨티나 부스에서도 도장을 쾅 찍고 사인을 해주고 끝. 어디 가냐, 숙소가 어디냐, 무슨 목적으로 왔냐는 물음도 없다. 내가 신기한 듯 씨—익 웃고 "올라!"라고 인사하기 바쁘다. 나름 체계적인 검사라고는 엑스레이에 소지품을 실어 보내는 게 전부다. 나야 편하고 좋지만 국경이 이정도로 형식적인 존재일 수 있다는 게 신기할 따름이었다. 부럽다는 말이 반사적으로 나왔다. 시계를 보니 국경을 넘는 데 두 시간 반이나 걸렸다. 아직도 뒤에 볼리비아에 남아 있는 사람들이 수두룩했다. 오늘따라 자유롭게 왕래할 수 있는 그들이 부럽고 우리가 아쉽다.

살타 Salta

- 웰컴 투 아르헨티나!

국경을 넘어 아르헨티나의 첫 도시 살타^{Salta}에 도착한 때는 이미 해가 진 시간이었다. 터미널부터 한참을 돌며 숙소를 구하다 겨우 들어간 호스텔. 영국 드라마 <셜록>에 나오는 모리아티(앤드류 스콧 분)를 닮은 호스텔 직원이 방금 막 바비큐 파티를 시작했다며 얼른 오라고 안내했다. 열한 시가 다 됐는데 말이다. 언젠가 아르헨티나에서는 하루 네 끼를 먹고 그 중 저녁은 열 시에 먹는다는 이야기를 들은 적이 있는데 그 사실을 이렇게 빨리 확인할 줄은 몰랐다. 그동안 제대로 된 밥을 못 먹은 탓에 가방만 대충 던져두고 자리에 앉았다.

한상 차려진 식탁에 마음껏 먹으라더니 접시에 소고기 바비큐 한 덩이씩을 턱턱 내려놓는다. "진짜 공짜야?"라고 물으니 필요하면 더 먹어도 좋단다. 평소 고기를 즐기지 않는 나지만 왠지 '소고기'니까 많이 먹어주는 것이 예의라는 생각이 들었다. 고기를 받아 들자 이번에는 다른 친구가 우유팩에 든 무언가를 잔에 따라주었다. "고기에 웬 우유?"라고 말하려는 순간, 영롱한 보랏빛 액체가 콸콸 쏟아져 내렸다. 달달하고 쌉싸름한 알코올 향도 코를 훅 찔렀다. 이것은 와인?! 팩에 든 와인이라니! 그 비싼 와인을 팩 채로 마실 수 있다니! 이것도 양껏 마셔줘야만 했다.

미디움레어로 맛있게 구워진 소고기를 잘게 썰어 한입에 쏙 넣고 와인으로 목을 축이니 절로 행복해졌다. 그동안 돈을 아끼느라 굶주리던 나날을 단번에 보상받는 느낌이었다. 아르헨티나에 온 것을 환영한다는 선물 같기도 했다. 차차 기분 좋게 알딸딸해지고, 흥이 한껏 올라 먹고, 마시고, 춤추다 새벽 네 시가 다 돼서야 들었다.

– 여기도 남미라고?

해가 중천에 뜬 시간. 간밤의 숙취를 안고 센트로로 나섰다. 해발고도 4000미터에 가까운 우유니에서 살타로 내려오니 (숙취만 빼면) 몸이 한결 가벼웠다. 물론 살타도 1000미터가 넘지만 고산 특유의 답답함이 가셔서인지 마음이 편했다. 살타의 광장은 그간 본 것 중 가장 푸르렀다. 광장을 둘러싼 건물마다 카페테라스가 차도를 제치고 나와 있었다. 갓 열두 시가 지난 시간임에도 벌써부터 테이블에는 와인과 맥주가 한창이었다. 광장이 가장 잘 보이는 자리를 골라 앉아 커피를 마시며 흔들리는 나뭇잎 사이로 새어드는 햇살을 만끽했다.

일요일 오후 두 시의 분위기. 아침 대청소를 끝내고 깨끗해진 거실 바닥에 누워 머리맡을 비추는 따뜻하고 나른한 햇살과 시원한 바람을 만끽하는 시간.

딱 그 순간처럼 상쾌하고 나른했다.

테이블에 팔을 괴고 엎드려 거리를 구경했다. 싱그러운 나무와 깔끔한 거리 그리고 오래된 건물이 보인다. 손에 든 책에 와인 한 모금을 곁들이는 노부부, 나무 그늘에 앉아 시간을 보내는 소년이 있다. 목에 돈 통을 매고 돌아다니는 강아지와 여행자들이 보인다. 어제의 소고기와 레드 와인이 떠올랐다. 큰 키와 커다란 풍채의 아저씨, 늘씬하고 탄탄한 몸매의 여성, 다들 금빛이 도는 머리색과 하얀 피부, 푹 파인 눈매를 가졌다.

'잠깐, 여기 남미가 맞나?'

느낌부터 생김새까지 그동안 봐온 이들과 사뭇 달랐다. 특히 아이들일수록 더욱 유럽인의 모습이 진했다. 직접적으로 표현해보자면 피부가 하얗고 볼에 살이 통통하니 때깔이 좋았다. 남미인 대부분이 혼혈이고 유럽의 영향을 많이 받았다지만 살타만큼 사람도 건물도 유럽 분위기가 물씬 풍기는 곳은 처음이었다. 북쪽 나라들이 노이즈가 매력적인 필름 카메라라면 이곳 아르헨티나 살타는 군더더기 없는 디지털 카메라 같았다. 국경 하나 넘었을 뿐인데 대륙을 이동한 기분이 든다.

- 살타에 반하다(feat. 까파야떼)

  우유 팩에서 쏟아져 나오는 와인에 적잖은 충격을 받은 뒤 근처에 포도주 생산으로 유명한 까파야떼cafayate라는 마을이 있다는 사실을 알아냈다. 그길로 호스텔 직원에게 부탁해 와이너리 투어를 예약했다. 근처라고는 했지만 꽤 먼 거리라 새벽부터 일어났다. 와인을 실컷 마실 생각에 들떠 있는 사이 여러 호텔을 들러 사람을 가득 채운 벤은 도심을 벗어나 넓은 밭을 가로지르고 산을 넘었다. 고불고불 이어지는 산길을 따라가다 잠깐 잠이 들었다.

  뜨거운 햇살이 괴롭혀 일어나 보니 밭과 산은 어디로 사라지고 서부영화에 나올 법한 지역을 지나고 있었다. 양옆이 꺾인 모자를 쓰고 말 위에 올라탄 카우보이가 달릴 것 같은 붉은 황무지였다. 단지 와인을 마시러 왔을 뿐인데 퇴적 지형과 이리저리 습곡이 보이는 거친 땅이 눈앞에 펼쳐지자 잠이 홀딱 달아났다. 창문에 달라붙어 밖을 바라보는 내내 입이 다물어지지 않았다. 고맙게도 잠깐씩 내려서 구경할 기회를 주었다. 분명 이럴 거라고 직원이 설명해주었을 텐데 와인에 정신이 팔려 못 들은 거다. 그래도 덕분에 기분은 배로 좋아졌다. 모래와 자갈, 먼지가 쌓이고 쌓인 뒤 사방으로 뒤틀리다 물을 만나 만들어진 협곡인 악마의 목구멍garganta del diablo, 타이타닉 호와 두꺼비 등이 떠오르는 바위들, 피리 소리가 오묘하게 울려 퍼지는 원형극장El anfiteatro까지 서는 장소마다 차에서 제일 먼저 내리고 가장 늦게 올랐다. 그 중에서도 원형극장을 떠날 때는 발을 떼기 아쉬웠다. 좁은 통로를 따라 들어가면 하늘을 천장으로 둔 높은 협곡이 하나 나오는데, 관광객의 입장에 맞춰 입구에서 한 아티스트가 연주를 시작한다. 그 감미로운 음악소리가 벽을 타고 올라가 협곡 안에 큰 울림을 전한다. 가이드의 설명에 따르면 이곳에서 매년 콘서트도 열린다는데, 한 곡만으로도 여럿 울릴 수 있을 것 같았다.

붉은 토양 구간이 끝나면서 푸르른 나무가 오버랩되더니 드디어 포도 밭이 펼쳐졌다. 오디처럼 작은 알갱이가 수두룩하게 달린 포도가 달달한 향을 풍겨왔다. 양조장은 단 한 군데만 들렀고, 포도 따기를 제외하면 모두 기계화되어서 와이너리 투어라고 보기에는 허무했다. 시음도 화이트와인과 레드와인 한 가지씩 한 번만 맛보는 것이 다였다. 와인에 큰 기대를 걸고 온 사람으로서 분명 실망해야 하는 게 정상인데, 오히려 양조장이 짧아서 다행이라는 생각이 먼저 들었다. 싸고 맛있는 와인을 손에 쥐었으니 목적은 달성했고, 빨리 돌아가는 길에 올랐으면 하는 마음뿐이었다.

돌아가는 길에는 어둑해질 때까지 하염없이 밖을 바라보며 두 눈을 정화시켰다. 이날 나는 비공식 까파야떼 홍보대사가 되어야겠다고 생각했다. 배보다 배꼽이 더 큰 투어지만 배보다 배꼽이 더 좋

은 투어라고, 아르헨티나에 가면 꼭 살타에 와서 까파야떼를 가보라고 부추기면서 말이다.

남미에서 믿지 말 것

1. 버스 시간

버스의 출발 시간, 도착 시간, 소요 시간 모~두 믿을 수 없다. 페루나 볼리비아 등 특히 심한 나라들은 30분은 기본, 한 시간 이상씩 늦어지기도 한다. 여행자들의 말 중 '코리안 타임'에서 따온 '남미 타임'이라는 말이 있을 정도이다. 버스로 이동하는 경우가 많다면 넉넉하게 시간을 잡는 게 좋다.

2. 디렉토 directo

directo

1) 쪽 곧은, 똑바른

2) (열차 등이) 직행의, 직통의

사전적 정의는 이렇다. 그렇지만 직행버스는 우리나라에서 생각하는 그 직행이 아니다. 갈아타지 않는다는 의미일 뿐 곧장 가면 얼마 안 걸릴 거리를 크게 돌면서 이 마을 저 마을에 멈춰 사람들을 실어 나른다. 게다가 앞서 언급한 남미 타임까지 겹치면 도착지까지 걸리는 시간은 아무도 예측할 수 없다.

3. 아오리타^{ahorita}

한국에서 스페인어를 배우면서 안 단어인데, 'Ahorita'를 남미에서 들으면 마음을 편하게 갖거나 다른 계획을 실행하는 편이 좋다. 우리나라의 "거의 다 됐어, 조금만 기다리면 돼"처럼 다 되었다면서 되지 않는 긴 시간을 말하니 말이다.

버스기록장

오늘도 버스에 올랐다. 살타에서 아르헨티나의 수도 부에노스아이레스_{Buenos Aires}로 넘어가는 길이다. 근래에 탄 버스 중 해발고도가 가장 낮은 길을 지나고, 의자도 편하고, 심지어 쾌적하다. 하지만 이 여정은 아무리 생각해도 고역이다.

범인은 '팜파스.'

팜파스는 아르헨티나의 중부에서 북부에 이르는 대규모 온대초원이다. 아르헨티나 사람들은 이 대평원에서 소를 방목하거나, 옥수수 등의 작물을 대규모로 기르며 살아간다. 그 덕분에 아르헨티나는 사람보다 소가 많은 나라라는 별명을 얻었고, 국민들은 값싸고 질 좋은 소고기를 즐길 수 있게 되었다.

문제는 이 팜파스가 정말 넓고, 정말 변화가 없다는 데 있다. 긴 긴 이동시간을 빠르게 흘려보내려면 지나면서 보이는 사람들이 사는 모습, 지형, 식물, 고도 같은 것들을 기록해야 하는데, 이 대평원에는 도무지 기록할 거리가 없다. 장장 20시간을 넘게 달렸지만 반 페이지도 차지 않은 다이어리가 팜파스의 광활함을 증명해 보였다. 비교를 위해 에콰도르의 과야킬이라는 도시에서 페루 리마까지 30시간을 달릴 때 적은 다이어리를 첨부해본다.

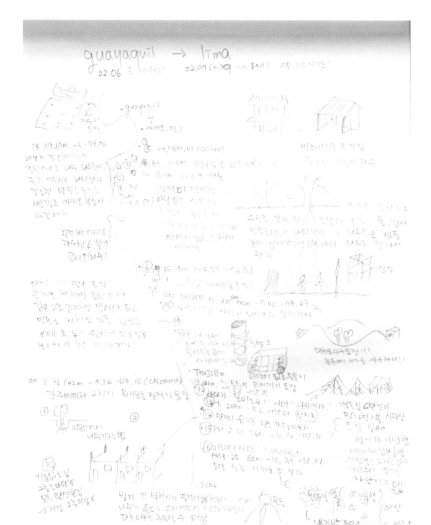

오랜 친구를 떠나보내다

툭! 데구루루…….

DSLR 렌즈가 본체와 분리돼 떨어져 나갔다. '도둑맞지 않으려면 보잘 것 없어 보여야 해!' 남미까지 가는데 좋은 사진을 포기할 순 없어서 황토색 반창고를 덕지덕지 붙여 낡아보이게 치장한 카메라가 진짜 망가져 버렸다. 카메라 가방도 없이 앞 배낭에 넣었다 뺐다 한 것이 화근이었다. 렌즈와 몸체를 연결하는 조인트가 간당거린다 싶더니 결국 조인트 세 개가 모두 부러져 댕강 분리돼 버렸다.

대학교에 입학하고 내가 보는 것들을 더 잘 담고 싶은 마음에 카메라를 좀 안다는 친구를 끌고 강변 테크노마트에서 고민 끝에 산 첫 카메라였다. 학술답사, 내일로 기차여행, 몽골, 태국, 캄보디아, 백두산까지 내가 간 모든 여행의 동반자이기도 했다. 때로는 벽돌 같이 무겁고, 사람을 찍으면 좀비 같은 회색빛 피부를 만들어 어디다 갖다 버리고 싶기도 했지만 조금씩 손에 익으면서 내 눈이자 기록장이 되어준 친구였다. 4년 동안 주인을 잘못 만나 온갖 수난을 겪으면서도 잘 견뎌주었는데 결국 박살이 나버렸다.

카페 테이블에 두 동강난 카메라를 올려두고 한참을 바라봤다. 허탈함에 웃다가 도둑맞지 않은 게 어딘가 싶어 다행이라는 생각도 들었다. 그러다가도 속상한 마음에 '하필 여행한 지 두 달도 채 안된 지금, 그것도 남미에서 망가져버렸니. 조금만 더 견뎌주면 좋잖아'라고 괜한 카메라를 탓하며 투정을 부리다가도 이내 미안해져 이리저리 어루만졌다. 손 쓸 수 있는 범위를 벗어나 부러져버린 카메라 상태를 보니 오랜 동지를 잃은 쓸쓸함이 밀려왔다.

다음 일정은 접어두고 호스텔로 돌아왔다. 가방에서 지퍼백과 봉투를 꺼내 먼지가 안 들어가도록 잘 넣고, 충격이 가지 않도록 두툼한 겨울 스웨터로 돌돌 말아 큰 배낭 깊숙이 넣었다. '한국에서 꼭 소생시켜줄게!'라고 약속하며 일종의 카메라 장례식을 치렀다. 헛헛해진 마음이 쉽사리 가시지 않는다.

메디아루나

아르헨티나의 상징에는 열정의 탱고, 저렴한 소고기, 국민 모두가 열광하는 축구, 새빨간 와인 등이 있다. 그 중에서도 내가 가장 좋아하는 건 따뜻한 카페 콘 레체(카페라테)와 초승달을 닮은 메디아루나(아르헨티나 빵)다.

하늘이 미처 붉어지기 전, 꿈결과 온전한 정신이 뒤섞인 몸을 이끌고 차가운 새벽공기를 마시며 카페로 향한다. 반쯤 내려쓴 안경으로 신문을 읽는 할아버지와 출근 전 들른 직장인들로 카페 안의 테이블은 어느 정도 차 있다. 도로와 가까운 창가 자리나 사람들이 잘 보이는 안쪽 소파에 자리를 잡고 앉는다. 부은 얼굴로 주문을 받는 종업원에게 카페 콘 레체와 메디아루나를 시키면 여행자의 티를 벗고 뻔뻔하게 현지인과 동화되었다는 쾌감이 느껴진다.

간단한 라테 아트 하나 없는, 심심하지만 고소한 커피가 밤새 식은 몸을 녹인다. 함께 나오는 메디아루나의 크기, 모양, 가격, 개수는 카페마다 제각각이지만 이 시간의 메디아루나가 가장 따뜻하고 부드럽고 맛있다는 사실은 같다. 어떨 때는 담백하고, 어떨 때는 달달하고, 또 어떨 때는 끈적끈적한 메디아루나는 손으로 뜯어먹을 때 제맛이 난다. 한 입에 베어 먹어 버리면 밀가루가 엉겨 붙어 식감도 맛도 반감돼버리니까. 결대로 뜯어 커피에 녹여가며 함께 마신다. 가끔은 모닝 세트로 오렌지 주스까지 삼총사로 나오기도 한다. 밤하늘을 떠오르게 하는 탁한 커피와 달을 닮은 빵을 먹으며 밤을

떠나보내고 오렌지 주스로 아침을 맞이하는 기분을 느낀다. 꿈보다 해몽이라고 해도 거부할 수 없는 매력이다.

든든하다 못해 부른 배를 잡고 카페를 나와 오늘의 하루를 시작해본다.

하늘을 나는 기분

굉장히 들뜬 아침, 평소보다 더 배부르게 조식을 먹고 약속장소로 걸음을 옮겼다. 방금 만난 한국인 여행자 슬기 언니, 도형 오빠, 민규 오빠와 인사를 나누는 사이 크고 하얀 벤에서 내린 남자가 한 명씩 호명하며 차에 태웠다. 나도 틈을 비집고 앉았다. 도심을 벗어난 벤이 드넓은 팜파스를 가로지르며 한 시간여를 달렸다. 건물 두 개만 달랑 있는 들판에 내려 작은 건물로 자리를 옮긴 뒤 다 같이 종이 한 장을 받았다. 신체포기각서. 간단한 설명을 듣고 종이 맨 아래 빈 칸에 서명을 했다.

돈이 없다 못해 결국 장기를 파는 건 아니고, 사실 이날은 버킷리스트 중 하나를 이루는 꿈만 같은 날이었다. 바로 스카이다이빙. 부에노스아이레스에 온 이유도 스카이다이빙 때문이었다. 비공식적인 정보로는 이곳에서 하는 스카이다이빙이 전 세계에서 가장 싸다고 해서 우수아이아로 가는 비행기 표까지 바꿔가며 도전했다. 남미에서 죽어도 여한이 없겠다고 생각해왔기 때문에 신체포기각서에 서명하는 일은 생각보다 간단했다. 하긴 돈 내고 죽으면 억울할 순 있겠다.

우리는 마지막 순서라 도형 오빠가 챙겨온 돗자리를 그늘에 깔고 누웠다. 시원한 바람이 코끝을 스치고 머리카락 사이사이로 파고드는 느낌이 좋았다. 옹기종기 누워 있다 누가 먼저랄 것 없이 잠이 들었다. 한 시간 정도 지났을까? 뜨거운 햇살에 못 견뎌 다 같이 일어났다. 그래도 우리 차례는 여전히 한참이었다. 슬기 언니와 서로 머리를 땋아주고 사무실에서 빌려온 매직으로 손바닥에 메시지도 적었다. 아무리 놀아도 오지 않는 차례. 기다림이 길어질수록 무서움도 무뎌져갔다. 신체포기각서까지 써놓고도 하나같이 평온하기 그지없는 표정을 보니 실소가 터졌다.

경비행기가 몇 차례 더 뜨고 내린 다음에야 드디어 차례가 왔다. 슬기 언니와 내가 먼저 장비를 착용하고 비행기에 올랐다. 노련미가 흘러넘치는 다이버 아저씨들이 안전수칙을 다시 한 번 일러주고 드디어 경비행기가 굉음을 내며 높이 날아올랐다. 느낌상 20분가량 계속 올라갔다. 창문으로 살짝 보이던 집은 차차 더 작은 점이 되었다. 옆에 있던 슬기 언니의 다이버는 이 높이에서도 지루한지 쪽잠을 잤다. 자고 있는 다이버를 보니 덩달아 긴장이 풀려 잠깐 졸려는 찰나 다이버가 나를 깨웠다.

눈을 뜨자마자 몸을 돌리라더니 갑자기 비행기 문을 활짝 열었다. '잠깐, 나는 아직 마음의 준비가 안 됐다고!' 비행기 밖으로 두 다리를 꺼내고 엄청난 바람이 다리를 스치니 그간 풀린 긴장이 응축됐는지 극한의 공포감으로 한방에 몰려왔다. 잔뜩 겁먹은 채 조심조심 낙하 자세를 준비하는데, 나는 안중에도 없는 다이버가 3, 2, 1 카운트도 없이 바로 하강했다.

"아, 읍!"

소리는커녕 눈부터 질끈 감아버렸다. 수-슈-슉 하는 바람소리가 귀를 때려 눈을 번쩍 떴다. 내가, 하늘에서, 땅으로, 곤두박질치고, 있었다. 뺨 위로 차가운 공기가 와 닿고, 온몸이 찌릿거리고 소름이 돋았다. 득음을 한 사람처럼 하늘을 향해 소리쳤다.

"대~ 바~ 악~."

땅이었으면 춤이 절로 나올 환희였다. 차차 다이버가 든 카메라에 인사할 수 있을 정도의 여유가 생겼다. 손에 적어둔 내 별명 '영'

과 '마'(영마는 내 이름 다영과 역마살을 합친 말로, 돌아다니기를 좋아해서 얻은 별명이다)도 펼쳐 하늘 위에 이름을 박았다. 행복의 눈물이 찔끔찔끔 흘렀다.

아쉬운 자유낙하가 끝나고 낙하산이 활짝 펼쳐졌다. 순식간에 위로 번쩍 날아올랐다. 맨 몸으로 중력 반대로 나는 일은 스카이다이빙 못지 않게 아찔했다. 이제 천천히 바람을 타고 날았다. 그제야 눈에 보이는 팜파스, 그 광대한 평원이 매직아이처럼 아른거렸다. 끝없이 보이는 싱그러운 팜파스와 유유히 풀을 뜯는 소들을 보며 발을 굴러 보았다. 애니메이션 <센과 치히로의 행방불명>의 첫 장면처럼 한 발씩 앞으로 내딛으며 하늘을 걷는 시늉을 했다. 진짜로 걷는 게 아닌 걸 알면서도 묘하게 즐거웠다. 몸이 점점 땅에 가까워지고, 아쉬운 마음을 다이버가 부리는 빙글빙글 묘기로 채우며 비행을 마쳤다.

　어릴 때 학교 앞에서 타던 퐁퐁(트램펄린)에서 내려왔을 때처럼 땅위를 걷는 게 마냥 어색했다. 퐁퐁 아저씨에게 애교를 부려 10분 더탔듯 10분만 더 날 수 있다면 좋으련만 (이제 내 애교는 무기가 되어버리기도 했고) 불가능함을 알기에 버킷리스트를 이룬 성취감으로 만족하기로 했다.

　다이버가 촬영해준 동영상 속의 내 얼굴은 공기의 저항 때문에온 세상 못생김을 모두 장착했어도 행복이 잔뜩 묻어 있었다.

세상의 끝에서

부에노스아이레스에서 아메리카 대륙의 최남단 우수아이아Ushuaia로 향하는 새벽 비행기에 올라타자마자 실신하듯 잠이 들었다가 간식 시간에 맞춰 귀신같이 일어났다. 아직 비몽사몽한 정신으로 간식 꾸러미를 받아들고 닫은 창문을 열었다가 잠이 몽땅 깨버렸다.

　하늘에 불이 났다. 어둠의 장막을 깨고 구름이 활활 타오르고 있었다. 해는 아직 모습을 드러내지 않았는데 수평선 너머에서 새어나온 한줄기 빛이 어느 무엇보다도 붉게 타오르고 있었다. 아름답고, 낭만적이고, 엄청나고, 세계적 걸작 같고, 멋있고, 또…… 아는단어가 정녕 이것뿐이라는 게 짜증이 날 만큼 황홀한 하늘이었다.

‘아, 세상의 끝은 이런 모습이구나.’

아직 도착하지도 않은 우수아이아를 사랑하게 된 것 같았다.

우수아이아에 다다르니 해가 완전히 뜨고 아름다운 해협이 눈길을 사로잡았다. 기내에는 기장의 친절한 설명이 이어졌고 비행기는 관광버스라도 되는 듯 큰 원을 그리며 해협 주위를 한 바퀴 돌았다. 바다의 색과 숲의 색, 하늘의 색이 저마다 자기의 모습을 뽐내지 않고 서로에게 녹아들어 다 함께 빛을 냈다. '아, 세상의 끝은 이런 모습이구나.' 아직 도착하지도 않은 우수아이아를 사랑하게 된 것 같았다. 무사히 랜딩에 성공한 비행기 안에서 박수갈채가 터져 나왔다. 바람 때문에 이 구간의 비행이 험난해 살았다는 의미의 박수라고 하는데, 나는 이 비행에서 본 모든 것에 대한 감탄의 박수를 보냈다.

'Fin del mundo(세상의 끝)'이라 이름 붙은 우수아이아는 사실 아르헨티나의 최남단이고 더 남쪽에는 칠레의 일부 영토와 남극이 있다. 하지만 사람들이 쉽게 찾을 수 있는 곳 중에는 우수아이아가 최남단이라고 보는 것이 맞겠다. 사실이야 어찌됐든 나는 세상의 끝에 매료되었다.

모든 호스텔이 가득 차버린 탓에 언덕 위까지 올라가 숙소를 구했다. 세 시간 만에 배낭을 내려두고 한껏 가벼워진 몸으로 동네에 나왔다. 곳곳에 그려진 그래피티에는 이 근처에서 볼 수 있다는 펭귄과 수용소였던 과거의 모습이 담겨 있고, 기념품 상점이 줄줄이 이어져 있는 것을 보아하니 세상의 끝은 완전한 관광지인 것 같았다. 다만 겨울로 접어들던 이때는 사람들의 발길이 줄면서 적막이 찾아오고 있었다. 크리스마스가 지난 12월 26일처럼 조용하고 고

독했으며 알록달록한 지붕과 기념품 가게의 불빛만이 철지난 트리처럼 반짝거렸다.

'세상의 끝'이라는 말이 주는 어감과 마을의 분위기에 취해 한껏 센티해졌다. '이곳에서는 무엇을 하는 게 좋을까' 생각하면서 천천히 거닐다가 작은 기념품 가게를 발견했다. 나무로 벽을 두른 아담한 가게에는 직접 디자인한 소품과 귀여운 펭귄 인형이 가득했다. 아침에 본 하늘과 풍경이 담긴 엽서 몇 장을 고르고 마을이 그려진 스프링 노트도 한 권 집었다. 기념품을 만족스럽게 손에 들고 있자니 따뜻한 커피가 생각났다. 그길로 우수아이아와 함께 커왔다는 100년 넘은 카페로 향했다. 남에 집에 찾아간 손님처럼 양쪽으로 열리는 나무문을 조심스레 밀었다. 습기라곤 하나 없는 후끈한 공기와 커피 향이 먼저 반겨주었다. 발걸음에 맞춰 들리는 나무의 삐그덕거리는 소리와 오래되어 보이는 소품들이 이곳의 시간을 이야기해주고 있었다. 따뜻한 커피 한 잔과 맛있어 보이는 빵 하나를 주문하고 사람들을 피해 안쪽 조용한 곳에 자리를 잡았다. 그리고 기념품 가게에서 사온 엽서를 꺼내 고맙고 그리운 사람들에게 편지를 써내려갔다.

그 사이 주문한 음식이 나왔다. 배가 고팠던 참에 빵부터 한 조각 썰어 입에 넣었는데, 지금까지 먹어본 것 가운데 손가락 안에 들 정도로 식감부터 맛까지 취향에 딱 맞았다. 먹던 빵을 내려놓고 앞에 있는 모든 것을 모아 사진을 찍었다. 손때 묻은 다이어리와 맘에 쏙 드는 새 노트, 우수아이아의 일출이 담긴 엽서, 맛있는 빵과 끓을

수 없는 커피가 정방형 사진 속에 가득 찼다. '지금, 난 완전히 완벽한 시간 속에 있는 것 같아.' 혼자 중얼거렸다. 하늘이 낭만적인 우수아이아와 그 속에서 긴 세월을 보내온 공간, 그 공간 속 마음에 드는 자리에 앉아 취향이 묻은 물건에 둘러싸여 있다는 것, 고마워하고 그리워할 사람이 있다는 것 그리고 그 사람들에게 마음에 담아둔 이야기를 편지에 적고 있는 이 시간은 정말이지 완벽했다. 그동안 엄청난 풍경에 감탄하느라 스쳐 보낸 소박한 순간의 행복을 다시금 되새겼다. 그렇게 몇 시간 동안이나 같은 기분에 젖어 편지를 써내려갔다. 마지막으로 낯간지럽지만 나에게도 편지 한 통을 보내고 카페를 나왔다.

밖은 여전히 차고 습했다. 카페 안에서 건조해진 콧속으로 축축한 공기가 스몄다. 바람을 따라 걸어간 바닷가에는 난파돼 기울어진 배 한 척이 서있었다. 벤치에 앉아 멈춘 배와 눈이 쌓인 낮은 산, 잔잔히 흐르는 바다를 멍하니 바라보며 이대로 저 배처럼 시간이 멈추었으면 하는 유치한 소원을 빌었다.

　오후에는 잠시 박물관에 들렀다가 숙소로 일찍 돌아왔다. 해가 짧아지기도 했거니와 내일 엘 깔라파떼El Calafate로 향하는 새벽 다섯 시 버스표를 사두었기 때문이다. 이곳에 좀 더 머물고 싶은 마음도 굴뚝같고 나에게 가장 많은 것은 시간이었지만 깔라파떼에서 호스텔 매니저로 일하겠노라 사장님과 약속을 해둔 탓에 시간 제약이 생겨버렸다. 처음으로 미리해둔 약속이 야속해졌다. 저녁으로 간단히 스파게티를 만들고 살타에서 사고 남은 화이트 와인 반 병을 모두 비웠다. 술과 생각에 취해 정신이 알딸딸해지자 아쉬운 감정이 더욱 강렬해져 내일 버스를 확 놓쳐버리고 싶었다. 결국 정신도 차릴 겸 대충 후리스를 챙겨 입고 밖으로 나왔다.

　언덕 위에 있는 숙소 덕분에 우수아이아의 야경과 멀리 어두운 바다가 한눈에 들어왔다. '왜 이 별것 없는 마을은 가기 싫은 마음이 자꾸만 커지게 야경마저 쓸쓸하고 아름다운 건지 모르겠네!' 조금 더 높은 곳으로 걸어가다 주차장인 듯한 공터를 발견했다. 사람도 차도 밝은 불빛도 없는 공터 한가운데에 철푸덕 대자로 누웠다. 축축한 공기를 들이마시며 하늘과 대면했다. 저마다 반짝이는 별빛을 이불 삼아 이대로 잠들고 싶었다.

　나, 지금 여기서 너무나 행복하다.

뒷이야기: 결국 다음날 버스를 놓쳤고, 황홀한 일출을 한 번 더 맞이했고, 하루 더 우수아이아에서 머물렀다.

아르헨티나: 2

아르헨티나 한 달 살기

출국일이 얼마 남지 않은 한국에서의 일이다. 정보나 여행기를 자주 읽던 온라인 카페에 눈에 띄는 게시물이 올라왔다.

[공지] 후지민박의 새 매니저를 구합니다(El calafate).

El calafate가 지명인지도 몰랐으면서 저절로 그 게시물에 손이 갔다. 아르헨티나에 있는 작은 마을의 한일 민박에서 숙소를 관리할 매니저를 구한다는 내용이었다. 당시는 한국에 호스텔 스텝이 성행하지 않던 터라 게시물에 올라와 있는 사진과 글을 찬찬히 읽다보니 꽤나 재미있어 보였다. 매니저를 하면서 사람들의 다양한 이야기를 들으며 지내면 얼마나 재미있을까 하는 기대감, 여행 중에 무엇이든 배우고 싶은 욕망이 더해져 바로 지원 메일을 보냈다. 처음엔 아쉽게도 불가능하다는 답변을 받았다가 여행을 떠나기 며칠 전 약속한 분이 사정이 생겨 자리가 비었다는 연락을 받았다. 그렇게 메일 몇 통이 오가고, 3월 중순부터 엘 깔라파떼 후지민박에서 일하기로 했다.

- 후지 다이어리: 반가워, new 매니저

나를 매료시킨 우수아이아를 어렵사리 놓아주고 버스 대신 비행기로 엘 깔라파떼에 도착했다. 첫날이니 나름 예의를 갖추려고 한복도 차려입었다. 공항에서 나와 시내를 돌고 버스 터미널을 거치고도 더 지난 마을 한구석에서 셔틀 벤이 멈춰섰다. 후지산이 그려진 작은 간판에 'fuji hostel'라고 적혀 있었다. 긴장과 설렘이 담긴 큰 숨을 한 번 내쉬고 문을 두드렸다.

"welcome~ new manger?" 지금 매니저라는 일본인 모모 씨가 문을 열어주었다.

"어머~, 어서 와요! 새 매니저 맞죠? 우리 어제부터 기다렸어요~."

"아, 안녕하세요. 우수아이아에서 버스를 놓치는 바람에. 사장님이세요?"

"아니에요~. 저희는 여기 묵는 여행자예요~."

문을 열면 바로 보이는 작은 거실과 부엌 그리고 방에서 나온 여행자들의 시선이 나에게 쏠렸다. 누구랄 것 없이 반겨주는 대환영에 괜스레 쑥스러워졌다. 인사도 잠시, 구석에 가방을 내려놓자마자 모모 씨가 빠르게 인수인계에 들어갔다.

"자리는 여기를 쓰면 되고, 화장실은 여기, 방은 더블 룸 하나, 트윈 룸 하나, 도미토리 4인실…… 냉장고는 여기, 예약은 안 되고 오는 손님대로 빈자리에……."

미처 마음의 준비도 하기 전에 쏟아지는 설명에 혀가 절로 내둘러졌다. 잠시 양해를 구하고 편한 옷으로 갈아입은 뒤 다시 노트에 적어가며 꼼꼼히 들었다. 청소, 손님 관리, 투어신청 등의 업무 설명을 비롯해 모든 방과 바깥 화장실, 빨래터까지 1, 2층을 오르내리는 긴 브리핑이었다. 브리핑이 끝난 모모 씨는 내일 바로 떠난다며 짐을 쌌다. 당장 내일부터 혼자라는 말에 당황스러웠지만 덤덤한 척 고맙다고 인사를 건넸다.

오늘까진 여행자니 편히 쉬라는 모모 씨의 배려 덕분에 다른 여행자들과 두런두런 얘기를 나눴다. 지금 머무는 분들은 대다수가 세계여행자였다. 말로만 듣던 세계여행자들이 한 집에 우르르 모여 있으니 이야기의 주제는 당연히 전 세계로 확장되었다. 짧은 시간 동안 인도부터 아프리카까지 큰 세상의 모습이 오고 갔다. 세계를 돌아 마지막 대륙으로 남미에 오신 분들이라 그런지 여행이 생활화된 듯 말투나 행동에서 노하우가 저절로 묻어났다. 특히 신혼여행으로 세계를 돌아보는 중이라는 효민 언니와 무궁 오빠 부부는 직접 만든 다양한 간식을 나누며 내 집 같은 편안함을 선사해줬다.

　저녁 무렵 잠시 외출한 효민 언니와 무궁 오빠 부부가 돌아왔다. 둘은 저녁을 먹고 잠깐 방에 들어가더니 갑자기 짜잔~ 하면서 쪽지가 적힌 상자조각을 들고 나왔다. 다름 아닌 떠나는 매니저 모모 씨와 새로 온 매니저인 나에게 주는 응원의 초콜릿이었다. 오늘 처음 본 나에게 이런 선물을 주는 언니 오빠가 신기하기도 하고, 여행하면서 나눈다는 게 참 쉽지 않은 일이란 걸 알기에 정말 고마웠다. 주변에 있던 다른 식구들도 격려의 박수를 쳐주고 모모 씨와 나는 초콜릿을 먹여주면서 서로의 시작을 축하해주었다. 첫 날부터 느낌이 정말 좋다. 앞으로의 후지 생활도 이렇게 행복하길 바라본다.

대망의 아침이 밝았다. 책임감을 잔뜩 짊어진 마음으로 어제 적어 놓은 것들을 읽으며 일어났다. 조식을 먹으며 정식으로 인사를 나눈 민박 사모님은 몇 가지 사항을 더 알려주시고는 식당일을 하러 나가셨다. 모모 씨도 조식을 먹자마자 떠나고 이제 정말 혼자 이 후지민박을 책임지는 매니저가 됐다.

오전엔 정말 걱정할 틈이랄 것도 없이 바빴다. 가스레인지 청소를 시작으로 체크아웃한 손님의 침대 시트를 갈고, 빨래를 돌리고, 설거지를 하고, 먼지를 쓸고, 쓰레기통도 비웠다. 정신을 차리고 보니 벌써 오후 두 시가 훌쩍 넘은 시간이었다. 일을 모두 끝내고 나서는 잠시 늘어져 있다가 사모님께서 시작 선물로 예약해 주신 승마투어를 다녀오고, 저녁에는 세계여행을 하는 태규 오빠의 제안으로 '아사도'를 해먹기로 했다.

투숙객들이 모두 돌아온 시간. 미리 사둔 고기와 야채 그리고 술을 꺼냈다. 아사도는 아르헨티나 식 바비큐인데, 장작으로 숯을 만들고 그 숯으로 세 시간가량 소고기를 은은하게 구워먹는 요리다. 하지만 이곳은 성격 급한 한국인과 성향이 크게 다르지 않은 일본인이 함께 묵는 한일민박. 한일이 합작해 우리 방식대로 강한 불에 빠르게 소고기를 구워나갔다. 테이블에 둘러앉아 술이 술을 부르는 자리가 이어졌다. 이렇게 소고기를 배가 터져라 먹고 와인을 부어라 마셔라 마셔도 1인당 130페소(약 2만 원). 부담되지 않는 가격으로

이 귀한 음식들을 먹을 수 있는 아르헨티나는 천국이라며 다들 찬양했다. 술자리는 한국인과 일본인이 각자의 스타일대로 나뉠 때까지 이어졌다. 녹음해두고 싶은 좋은 얘기를 많이 들었는데 술기운이라 기억나지 않는 것만 빼면 신나는 첫 날이었다.

- 후지 다이어리: 매니저 4일차

이곳은 항상 빈 방 없이 북적인다. 하지만 오늘은 호스텔이 여기 온 이래로 가장 조용하다. 많은 게스트들이 체크아웃을 하거나 투어를 하러 나갔고, 나랑 같이 늘어져 있던 몇 몇 사람들도 모두 장보러 나가고 혼자 남아 일기를 쓰고 있다. 생각해보니 이렇게 앉아서 일기를 쓰는 시간도 오랜만이다. 엊그제만 해도 부엌이 쉴 새 없이 북적거렸는데, 나의 첫 게스트들을 보내고 갑자기 조용해지니 허전하기도 하다.

다양한 사람들을 만나고 싶어 시작한 일. 며칠 안 됐지만 좋은 사람을 많이 만났다. 감사의 의미와 나눔이 무엇인지를 알게 해준 효민 언니와 무궁 오빠, 매일매일 나에게 피자, 파스타, 오늘은 아이스크림까지 맛있는 음식을 해준 현석이, 내가 만든 주먹밥을 맛있게 사 먹어 주는 태규 오빠, 일본인 매니저라고 해도 손색없을 정도로 많은 도움을 받고 있는 테루 씨, 술 좋아하는 나츠키 짱까지 일은 많아도 이들이 있기에 매니저 하길 잘했다는 생각이 들곤 한다. 감사하다. 그리고 앞으로 어떤 사람을 더 만날지, 어떤 새로운 이야기를 더 들을지 궁금하고 기대된다. 다들 다음 여행, 그 다음 여행도 늘 즐겁고 행복했으면 좋겠다.

- 후지 다이어리: 매니저 7일차

여행을 하면 스스로 결정해야 할 순간이 많다. 그 순간마다 수만 가지의 고민을 하고, 선택하고, 좋아하고, 기뻐하고, 후회하고, 반성하고, 발전한다. 오늘도 중요한 결정을 앞두고 마음이 싱숭생숭하다.

호스텔에서 일을 하는 대가가 숙박과 조식 해결이 끝임에도 불구하고 이곳에 머물며 일하는 이유는 사람이다. 처음엔 호기심도 있었지만 지금은 사람들에게 다양한 이야기를 들으며 새로운 꿈을 꾸고 더 큰 세상을 알아가는 일이 즐겁고 행복하다.

하지만 비수기인 4월 중순부터 7월 말까지 사장님 내외분이 바캉스를 가면 이 호스텔은 온전히 매니저가 주인이 된다. 비수기 때는 사람이 거의 없어 혼자 있을 때도 많다고 하는데, 이 일을 해야 할지 말아야 할지 고민이 된다. 하루에도 수십 번씩 생각이 바뀐다.

잠시 쉬면서 그동안의 여행 정리도 하고 호스텔 관리라는 경험도 해볼 수 있는 기회이기도 하고 내가 안하면 문을 닫는다는 말에 책임감이 생겼다가도 나의 여행 기간 대비 3개월이 그리 짧은 시간이 아닌데다 비수기에는 사람을 만날 수도 없다는 게 흠이다. 게다가 '스물세 살이라는 젊은 나이에 그 3개월 동안 더 많은 것을 보며 다니는 게 좋지 않을까? 돈이 부족하더라도' 라는 생각이 들곤 한다.

수십 번을 고민하고 결정하고 바꾸고를 반복하면서 다음번에는 꼭 이 결정을 따르리라 마음먹었다. 하지만 이번 순간도 결정 후 다른 결정이 더 나아보이고, 바꾸는 것을 고민하고 있다.

- 후지 다이어리: 매니저 9일차

사모님의 제안에 대한 답을 고민하느라 아직도 골머리를 앓고 있다. 사실 답을 알면서도 고민에 고민을 거듭하는 스스로가 답답해 아침부터 몸이 개운치 않았다. 열두 시간이 빠른 한국은 지금 저녁. 활발한 대화창에 오고가는 친구들의 취업 이야기가 머릿속을 더 복잡하게 만들었다. 오랫동안 침대에 누운 채 괜스레 워킹홀리데이를 뒤적이다 휴대폰을 덮었다.

드디어 조식 시간에 사모님께 바캉스 시즌 직전까지만 일하고 다시 여행을 하겠다고 말씀드렸다. 그리고 더 겨울이 되기 전에 잠깐 칠레로 넘어가 토레스 델 파이네 트레킹을 하고 싶다고 양해도 함께 구했다. 속이 후련했다. 진작 말을 꺼낼걸. 사모님께서는 잠시 곤란하다는 표정을 지어 보이셨지만 이내 알았다며 다녀오라고 허락해주셨다.

저녁에 사모님께서 이번에는 유급 휴가를 제안하셨지만 죄송하다고 말씀드렸다. 사장님 입장이 곤란하다는 걸 알고 있지만 지금은 조금 이기적이어도 된다고 속으로 용기를 냈다.

그리고 밤, 죄송한 마음에 다시 머리가 아프다.

"다영아, 교수님이 자꾸 너 출석 부르셔."

'아, 맞다. 휴학 신청! 비행기 아웃 날짜는 언제더라?'

사실 아직까지 공식적으로는 재학생이다. 그리고 4월 15일, 콜롬비아 보고타(남미대륙의 북쪽에 있음)에서 인천으로 가는 유나이티드항공이 예약되어 있다. 지금 나는 아르헨티나 엘 깔라파떼(남미대륙 남쪽 거의 끝에 있음)에서 호스텔 매니저로 정착해 있는데 말이다.

이 모든 건 한국에 있던 소심한 김다영이 저질러 놓은 일이다. 아직도 이해할 수 없지만 비행기 표를 구하다 보면 편도 티켓보다 왕복 티켓 가격이 훨씬 싼 경우가 많다. 장기여행을 해봤어야 알지, 귀국 날짜가 따로 없는 오픈티켓도 몰랐던 나였기에 귀국일 설정에 철저히 성격을 반영했다.

'그래, 남미에서 떠돌다 오는 거야. 근데 막상 그때쯤 돼서 휴학하기가 두려워지면 어쩌지(정말 쓸데없는 걱정이었다)? 그럼 일단 등록금을 내고 등록은 해두자. 그래도 휴학이 하고 싶긴 하니까 재학을 못하게 막아야겠다. 그러면 4월! 4월이면 내 생일이 있는 달이네. 한 번쯤은 생일을 외국에서 보내는 것도 좋은 추억이니 생일에 5일 정도만 더하면 되겠다. 그래, 이 정도면 충분히 긴 여행인 것 같네.' 그렇게 자체적으로 우유부단함을 막아가며 결정한 귀국일이 4월 15일이었다. 충분히 길다고 생각한 3개월은 벌써 초고속으로 지나 북쪽에서 남쪽으로 내려온 게 전부였고 앞으로 볼 곳이 너무나도 많았다.

우선 휴학신청을 하고 귀국일을 다시 정했다. 그런데 항공사에 연락해보니 제공해줄 수 있는 티켓이 6월 아니면 10월 이후밖에 없으며 그마저도 빨리 예약해야 한다는 답변이 돌아왔다. 생각했던 날짜는 8월쯤이었는데 황당하기 짝이 없었다. 급한 대로 앞으로 가고 싶은 곳을 골라 대충 루트와 경비를 계산하고는 좌절했다. 앞으로 중미까지 넘어 가려면 족히 100만 원은 더 필요했고, 남미에서 10월까지 여행한다 해도 돈이 부족한 것은 마찬가지였다. 과감하게 아웃 티켓을 버릴 용기는 남았는데 돈이 없다는 현실은 어쩔 수 없었다. 쓸쓸함을 담은 클릭을 이어간 끝에 6월 중 가장 늦은 날짜로 귀국일을 바꿨다. 며칠 간 골머리를 앓아가며 하던 고민을 단박에 해결했다. 속상한 마음에 낮부터 술이 아주 많이 당긴다.

– 후지 다이어리: 매니저의 하루

엘 깔라파떼는 아르헨티나 남쪽에 있는 작고 예쁜 호수 마을이다. 이 동네는 바람이 거세게 그리고 많이 불지만 집에서 가만히 보고 있으면 세상 평화롭다. 빙하가 만든 호수는 신비로운 에메랄드 빛깔을 뽐낸다. 이 조용한 마을 한구석, 나무 틈으로 호수가 보이는 곳에, 후지산이 그려진 작고 귀여운 간판이 달린 후지민박이 있다. 한국인 사모님과 일본인 사장님이 주인인 독특한 조합의 한일민박. 생김새는 비슷해도 말과 취향은 전혀 다른 한국인과 일본인이 머물다 가는 공간이다. 동네를 닮아 조용할 것 같아도 항상 만실이고, 빈 방이 있다가도 세 시간이면 다시 가득 찬다. 예약을 받지 않기 때문에 왔다가 헛걸음하는 사람이 하루에 다섯 명이 넘는다.

AM 7:00

매니저의 하루는 조식 시간에 손님들을 깨우는 일로 시작된다. 혹시나 한 명이라도 자다가 굶을까 이 방 저 방을 돌면서 식사를 챙긴다.

AM 8:30

조식이 끝나면 아침 설거지를 하고 체크아웃 손님을 배웅한다. 손님이 나가면 침대 시트를 새것으로 갈아 다음 손님 맞을 준비를 한다. 헌 시트는 빨래를 돌려두고 거실, 방, 부엌 구석구석을 쓸고 닦는다. 이틀에 한 번 화장실 청소를 하는 것도 중요하다. 어제의 빨래를 걷어 잘 개어두고 다 돌아간 빨래는 해가 쨍쨍한 마당에 잘 널어둔다. 바람이 강해서 잘못하면 날아가니 빨래집게로 꼭 잡아주어야 한다.

PM 1:00

빨래를 널고 올라오면 이 집에 매일 찾아오는 고양이 두 마리와 호스텔 식구들이 하나 둘 부엌으로 몰린다. 점심시간이 되었다는 신호다.

PM 2:00

점심을 먹고 나면 잠시 짬이 나는데, 이때 해가 잘 드는 부엌 창가 옆 자리에 앉아 일기를 쓴다. 가장 좋아하는 시간과 공간이다. 일기를 쓰고 있으면 투어를 나가지 않은 손님들도 창가에 모여 앉아 같이 일기를 쓰거나 도란도란 이야기를 나눈다. 가끔은 시내나 시장에 다녀온 손님이 사다준 커피 한 잔으로 여유를 부리거나 꿀 같은 낮잠을 자기도 한다.

PM 4:00

두 시간쯤의 여유시간이 지나면 내일 아침 투어를 나가는 손님들이 주문한 주먹밥을 만든다. 후지민박 매니저만 할 수 있는 수익창출 수단이자 시그니처 메뉴인데, 음식 솜씨가 없는 나는 간단한 참치와 매실, 연어 주먹밥만 만들었다(그마저도 매실은 인기가 없어서 단종시켰다). 중간 중간 새로운 손님을 맞이하거나 투어 예약도 해야 한다.

PM 6:00

해가 질 즈음 투어를 마친 손님들이 돌아오면 보통은 재료비를 나눠 같이 저녁을 해먹는다. 소고기가 돼지고기보다 싼 이곳에서 주재료는 두말할 것 없이 소고기. 저녁 준비는 요리 경연대회를 방불케 한다. 어찌 그리 요리를 잘하는지 일류 요리사의 레스토랑에 초대받은 기분이 든다. 저녁은 종종 술자리로 이어진다. 이 시간만큼은 매니저가 아닌 여행자로 돌아가 사람들이 그려내는 다채로운 이

야기를 귀담아 듣는다.

AM 00:00

자정이 되면 잠시 일어나 더러워진 가스레인지를 닦고, 다시 앉아 이야기를 듣는다. 녹초가 된 밤. 부엌과 거실 불을 모두 끄고 침대에 누우면 하루가 끝난다.

　꽤 많은 시간 엄마가 생각나는 일과다.

"매니저님!"

"マネージャー(마네~쟈)!"

　아기 참새처럼 나를 불러 말하는 끝없는 질문을 듣다 보면 몸이 두 개라도 모자라다는 엄마의 말을 이해할 수 있다.

이럴 때일수록 '휴식'은 참 기분 좋은 엔도르핀 자극제다. 쉴 틈 없이 움직이느라 시간이 가는지도 모르지만, 차차 일이 손에 익으면서 자유시간이 많아졌다. 그 시간에는 자연스럽게 여행자로 돌아가 다른 여행자들과 이야기를 나누곤 한다. 얘기를 듣고 다시 일을 시작하면 괜히 일이 더 잘되는 기분이 든다. 초반에는 집 밖으로 나갈 수 없는 것도 고역이었는데, 이것도 시간이 지나면서 요령이 생기고 있다. 사실 새벽 조깅을 꿈꿨으나 그냥 꿈이 되었고, 대신 가끔 호숫가로 산책을 나간다. 산책을 오랜만에 나가면 호수에 자유롭게 떠다니는 플라밍고, 고니, 오리, 거위를 보는 것만으로도 대리 만족이 된다. 선선한 바람이 부는 날이면 스웨터 사이로 스미는 느낌이 좋아 혼자 달리기도 해보고 운동기구에 거꾸로 매달려 하늘같은 호수를 바라보다 돌아오기도 했다. 그게 아니면 30분 정도 장보러 나가는 게 전부인 '집순이'가 되는 게 현실이긴 하다. 거실에 앉아 드라마와 영화를 몰아보거나, 훌륭한 요리사들에게 더치커피와 베이글, 과카몰리 같은 간단한 요리를 배웠다. 가끔은 (사실은 매일) 간식을 만들어 먹고, 다른 곳에서 만난 여행자들이 이 동네에 왔다는 소식을 들으면 꼭 초대해 같이 점심도 먹었다. 잘 생각해보니 이제는 이 일이 '일'보다는 '생활'이 되고 있는 것 같다.

- 후지 다이어리: 알레르기

우수아이아에 있을 때부터 가렵던 다리에 수포가 올라오더니 가라앉을 기미가 보이지 않는다. 긁으면 덧날까 간지러울 때마다 찬물을 끼얹어가며 참았다. 수포는 팔까지 올라왔고, 이틀 밤잠을 설칠 정도로 간지러워졌다. 베드벅에 물렸을 때보다 더 가렵고 정도가 심각했다. 몇몇 분은 대상포진일 수도 있다며 휴식을 권했다.

결국 며칠 전 병원을 찾았다. 다행히 대상포진은 아니고 원인을 알 수 없는 알르레기 반응이라며 약과 연고를 처방받았다. 원래 아르헨티나는 복지가 잘돼 있어서 외국인도 진료비가 공짜였다는데 지금은 경제몰락으로 복지 예산이 줄어 진료비만 400페소(약 6만 원)나 나왔다. 평소 먹던 식습관에서 크게 달라진 것이 없으니 아마도 물갈이인 것 같았다.

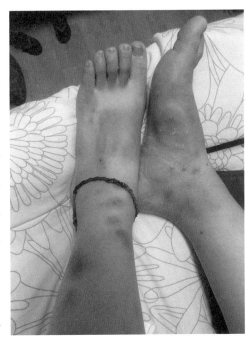

물갈이는 생각보다 오래 갔고, 약은 며칠째 정신을 취한 듯 혼미하게 만들었다. 긁어 피가 난 곳에 딱지가 지고 상처가 아물어도 물을 쓰는 동안 다른 곳에 수포가 또 올라왔다. 천생 여행체질이라고 믿던 내게 찾아온 이상 증세가 어색하기만 하다. 아무래도 매일 집에만 있으면서 면역력이 약해진 탓일 거다.

여행을 해보니 약국이나 병원 가는 일이 참 까다롭고 어렵다. 증상을 제대로 설명하기도 힘들고, 받아온 약의 부작용은 없을까 의문이 들어서다. 그러다 보니 점점 아픔에 의연해지는 것 같다. 종종 코피를 흘리고, 한국에서는 규칙적으로 하던 생리도 하지 않고, 어디서 물렸는지 모를 빈대 때문에 고생도 했고, 지금처럼 물갈이도 하고 있지만 크게 걱정이 되진 않는다. 대신 몸이 보내는 크고 작은 신호에 귀 기울이게 된다. 생존본능이랄까? 몸이 으슬으슬 춥다거나, 체력이 급격하게 떨어진다거나, 눈꺼풀이 떨린다던가 하는 신호를 보내면 쉬거나 먹으며 적당한 조치를 취한다. 그리고 내가 어떤 상황에서 병을 얻는지 알고 나니 그런 상황은 피하거나 대체할 수 있는 방법을 마련하는 것도 가능해졌다.

그런 의미에서 여행은 거창한 변화를 주는 사건이라기보다 이런 소소한 '나 사용하는 법'을 터득하는 과정이지 않을까?

– 일탈 다이어리 1: 후지 탈출

후지에 있다 보니 어느새 3월 말이 됐다. 3월 말이라는 것은 꼭 하고 싶던 파타고니아국립공원 트레킹을 하지 못할 시기가 가까워온다

1: 박종관, 2013, 지오투어리즘 관점에서 본 안데스 파타고니아와 아타카마의 지형경관, 한국지형학회지, 20(4), 15-28

는 의미다.

파타고니아는 남위 38도 이남부터 남미대륙의 끝에 이르는 넓은 지역을 일컫는 말이다. 국경에 상관없이 아르헨티나와 칠레를 아우르는 지리적 명칭으로 건조한 스텝기후와 안데스의 고산기후가 함께 분포한다. 넓은 들판부터 복잡한 해안, 산지, 화산, 빙하, 빙하의 침식 및 퇴적작용으로 만들어진 경관까지 다양한 지형이 나타나며, 사람의 손길이 닿지 않은 태초의 모습을 품고 있는 곳이 많다[1]. 칠레 쪽 파타고니아 지역 중에는 사람의 손길을 허용한 곳이 있는데, 그곳이 바로 토레스 델 파이네Torres del paine 국립공원이다. 자연다운 자연을 느낄 수 있다는데 가지 않을 이유가 없었다.

사모님께 양해는 구해두었고, 후지민박은 일주일 정도 머문다는 미카 씨에게 맡기기로 하고 짐을 쌌다. 한동안 짐 쌀 일이 없어 널브러져 있던 소지품을 주워 담고, 침대도 깨끗이 정리했다.

드디어 가방을 둘러메고 후지민박을 탈출했다. 오랜만의 외출이자 여행에 설렘이 가득했다. 처음 후지에 온 날부터 같이 있다가 얼마 전 먼저 트레킹을 하고 돌아온 태규 오빠가 배웅을 해준다기에 두런두런 얘기하며 터미널에 도착했다. 터미널에서는 우유니에서 만난 다현 언니가 기다리고 있었다. 우리는 우유니에 이어 트레킹도 함께할 예정이었다. 태규 오빠는 버스에 짐을 싣고 버스에 오르기 전까지 지켜봐주다 갑자기 용돈이라며 손에 칠레 돈을 쥐어주었다. 깜짝 놀라 됐다고 손사래를 쳤지만 오빠는 어차피 남는 돈이니 부담 갖지 말고 쓰라고 웃어보이곤 한 발짝 물러서며 손을 흔들었다. 정이 많은 사람이라는 것은 원래 알고 있었지만 나를 친동생처럼 챙겨주는 마음씨가 정말 고마웠다.

깔라파떼에서 출발한 버스는 국경을 넘어 토레스 델 파이네 트레킹을 준비하는 마을인 칠레의 푸에르토 나탈레스Puerto Natales에 도착했다. 여기서 또 다른 트레킹 메이트인 봉욱 오빠와 인숙 언니가 합류했다.

파타고니아는 바람의 땅이라고 불러도 무리가 없을 만큼 바람이 강하게 분다. 특히 겨울철인 4월 말부터 8월 초까지는 걸을 수 없을 정도로 날씨가 안 좋다고 한다. 이른바 비수기. 찾는 사람도 적고 산장도 문을 닫아 기간을 잘 맞춰가야 한다. 트레킹을 서두른 이유도 여기에 있었다. 4월 초인 지금, 이미 산장 하나는 닫혔고 매일 강풍이라 일기예보에서 구름 뒤에 빼꼼 나온 해 그림만 봐도 감사해야 했다. 토레스 델 파이네 트레킹은 3박 4일 정도 걸리는 W코스와 W코스를 포함해 8박 9일 정도 소요되는 라운드 서킷코스, 그리고 여행사를 통해 다녀오는 당일치기 코스가 있다. 코스 이름은 트레킹 길의 모양에 따라 붙은 이름이고, W코스는 윗부분의 각 꼭짓점마다 토레스torres 전망대, 브리타니코Britanico 전망대, 그레이Grey 전망대에서 빙하와 호수를 볼 수 있다.

트레킹은 일정 짜기와 장비 준비부터가 시작이다. 일행들의 일정과 체력을 감안한 끝에 W코스로 여정을 결정했다. 잠자리는 산장과 산장에서 준비해두는 텐트, 직접 짊어지고 가는 텐트 중 하나를 선택해야 하는데, 봉욱 오빠는 이미 산장을 예약해둔 터라 남은 셋이서 산장 텐트 두 개를 빌렸다. 다음은 장비. 아이젠과 등산스틱, 장갑, 코펠과 스토브를 준비하고 신발이 없는 사람들은 등산 신발도 빌렸다. 등산 스틱 하나를 고르는 데도 오래 걸렸다. 다들 주위들은 지식을 총 동원해 꼼꼼하게 고르고, 하나가 좋을지 두 개가 좋을지도 심도 있게 고민했다. 그러나 우리의 고민은 금세 물거품이 돼버렸다. 트레킹 여정이 치열해서 그런지 끝부분이 뭉뚝하거나 휜 것이 많았다. 고장 나지 않은 스틱을 찾은 것만으로도 다행이었다. 마지막으로 식료품을 정비했다. 각자 가지고 있는 식량을 탈탈 털었다. 나는 후지에 있는 동안 손님들께 받아둔 라면스프와 네모나게 건조된 미역국 등을 꺼냈다. 다 모으니 몇 끼니는 해결할 정도의 양이라 스프와 식빵, 잼, 간식 정도만 사서 끼니별로 담아 나누는 것으로 준비를 마쳤다.

- 1일차:

토레스 산장~토레스 전망대: 빼도 박도 못 한다

어둑한 새벽에 호스텔을 나섰다. 토레스 델 파이네 국립공원까지는 나탈레스에서 버스를 타고 두 시간 정도 가야 했다. 긴장이 섞인 비장한 마음으로 버스에 올랐다. 트레킹을 원 없이 즐겼을 법한 튼실한 다리를 가지고 있긴 해도 정작 제대로 된 트레킹은 처음이라 잘할 수 있을까 하는 걱정이 앞섰다.

　토레스 델 파이네 국립공원 사무소에 도착해 입장권을 사고 필

수 안전교육을 들었다. 인간의 손길이 거의 닿지 않은 곳인 만큼 화기안전에 대한 교육 그리고 오물처리에 관한 사항을 강조했다. 우연히 안내소 뒤편에서 일기상태와 예보가 적혀 있는 큰 보드판을 발견했다. 구름, 눈, 비, 바람이 4박자 타악기를 연주하듯 가슴 속에 쿵. 쿵. 쿵. 쿵. 내리박혔다. 겁이라도 주려는 듯 풍속까지 적혀 있었다. '가자. 여기까지 왔으니까 이젠 빼도 박도 못 한다. 일기 예보는 예보일 뿐이잖아. 게다가 여기 날씨는 분 단위로 변하니 연연하지 말자'며 못 본 척하기로 했다.

서쪽에서 트레킹을 시작하는 사람들은 다시 버스를 탔고, 우리는 미니 벤을 타고 첫 베이스캠프인 라스 토레스 산장으로 향했다. 예약한 텐트에 가방을 내려두고 서둘러 토레스 전망대로 향했다.

토레스 전망대에서는 이 트레킹의 하이라이트라고 하는 토레스 델 파이네 산봉을 볼 수 있다. '푸른 거탑'이라는 뜻을 가진 산봉은 아침 해에 붉어지는 모습이 아름답다고 한다. 서쪽에서 출발하는 사람들은 이 하이라이트를 마지막에 보려고 일정을 맞춰 잡는다고 하는데, 순서야 어찌 됐든 나는 이곳에 와 있는 것 자체로 감동이었다.

산길로 접어들자마자 인류의 손길은 최소한으로 줄어들었다. 사람들이 지난 길 하나와 정말 가끔씩 보이는 표지판만이 우리를 산봉으로 인도해주고 있었다. 첫 날답게 급한 경사가 이어졌다. 수없이 금이 간 절리와 떨어져 나온 암석이 가득한 절벽을 따라 아슬아슬하게 걸어 올랐다. 두어 시간쯤 올랐을까? 등 뒤편으로 빙하호가 펼쳐졌다. 탁한 터키석 색에 가까운 빙하 호수는 잿빛 하늘과 대비돼 그 색이 더욱 강렬하게 느껴졌다. 주변으로 펼쳐진 파타고니아의 넓은 대지도 감탄을 자아냈다.

역시 바람이 강했지만 다행히 점점 날씨가 좋아졌다. 그런데 첫 쉼터인 칠레노 산장에 도달해갈 즈음 거짓말처럼 눈이 조금씩 내리기 시작했다. 가파른 길을 오르면서 상당히 더웠기 때문에 이런 날씨도 낭만적이고 좋다며 잠깐 쉬었다가 다시 길을 올랐는데, 고도가 높아질수록 눈발이 거세지고 시야까지 나빠졌다. 계속해서 한 시간쯤 걸음을 이어가는 사이 커진 눈송이가 피부를 따갑게 내리쳤다. 우리보다 앞서 갔던 사람들도 되돌아 내려오면서 위쪽은 더 심하고 아무것도 보이지 않는다며 손을 내저어보였다. 서로 눈빛을 교환하던 우리는 결국 토레스 델 파이네를 포기하고 내려가기로 결정했다. 다들 아쉬운 기색이 역력했다.

내려오는 길은 어렵지 않았지만 땀이 식어 추웠다. 뜨끈한 라면 국물이 생각났다. 우연인지 필연인지 마침 우리가 준비한 오늘 저녁은 라면에 밥이다. 헛헛한 마음을 채워주는 한국의 맛이 고마웠다.

산장을 예약한 봉욱 오빠를 따라 산장도 구경하고 몸도 녹일 겸 놀러갔다가 스텝들 몰래 샤워를 했다. 계획에 없던 샤워라 수건도 안 챙긴 우리는 오빠의 스포츠타월을 빨아가며 몸을 말렸다. 따뜻한 난로 앞에서 편하게 책을 읽는 여행자들을 보니 괜히 돈이면 다 된다는 말이 떠올랐다. 몸을 녹이고 이 돈 없는 몸은 다시 텐트로 돌아왔다. 오늘은 인숙 언니랑 나랑 둘이 자는 날. 저녁 여섯 시. 잠자리에 들기는 이른 시간이다. 드러누운 우리는 도란도란 여행이야기, 사는 이야기를 하다 잠이 들었다.

허리가 끊어질 듯이 아파와 잠에서 깼다. 시계는 새벽 다섯 시를 가리키고 있었다. 밖에는 텐트를 뚫을 듯이 비가 내린다. 다시 일어나면 비가 그칠 거라는 믿음으로 어깨에 붙인 핫팩을 허리로 옮기고 다시 잠이 들었다. 그렇게 파타고니아에서의 첫 밤이 지났다.

- 2일차:
라스 또레즈 산장~로스 꾸에르노스 산장:
한치 앞도 짐작해선 안 되는

2일차는 11킬로미터 정도의 거리로 이곳 라스 또레즈 산장에서 쿠에르노스 산장까지 다섯 시간 정도만 걸으면 되는 여정이다. 다행히 비는 그쳤다. 잿빛 하늘을 마주하며 텐트 밖으로 나와 허리를 몇번 돌렸다. 찬 바닥에서 자느라 다들 몰골이 말이 아니었다. 그래도 오늘은 여유로우니 다행이라는 아침인사가 오고갔다.

아침을 먹고 느지막이 출발했는데 또 다시 날씨가 심상치 않았다. 눈발은 굵어지고 바람도 거세지기만 했다. 널널하게 산 내음을 만끽하며 걸으려던 우리의 바람은 바람과 함께 날아가 버렸음을 빠르게 인지했다. 사정없이 내리는 진눈깨비에 머리가 젖어 물이 떨어지고, 시야는 자꾸만 흐릿해졌다. 결국 멈춰서 판초를 꺼내 입었다. 내 몸보다 큰 판초가 강한 바람을 만나 펄럭였다. 챙길 땐 몰랐는데 엄청나게 큰 노란색 판초였다. 다들 대형 한라봉 같다며 놀렸지만 비를 맞고 가느니 한라봉이 되는 편이 나았다. 판초 덕분에 비는 피했는데 이번에는 바람이 강하게 저항했다. 가끔씩 위협적으로 불어 재끼는 바람을 만나면 '와, 좀만 더 세(거나 내가 가벼우)면 날아갔겠다'라는 생각이 절로 들 정도였다. 이렇게 말하면 오버한다고 말하겠지만, 실제로 산장에 쓰여 있던 풍속은 80km/h를 넘겼다!

언덕을 넘고 나니 바람이 잦아들고 어제 본 호수가 가까이 보였다. 에메랄드 빛깔의 빙하호가 바람에 맞춰 수면을 일렁이며 춤을 추었다. 서핑도 가능할 일렁임이었다. 계속해서 오르락내리락하는 산길을 지날 때마다 눈발이 같이 커졌다 작아졌다 했고, 골짜기에서는 풀썩 주저앉을 정도로 바람이 거세게 몰아쳤다. 축축하게 젖은 땅과 미끄러운 돌을 피하며 걷느라 풍경을 볼 정신이 없었다. 오로지 걷는 데 모든 정신을 쏟으며 간간히 보이는 호수만을 엔돌핀 삼아 전진했다. 그렇게 정신없이 다섯 시간을 걸어 고개를 들었을 때, 쿠에르노스 산장이 보였다! "아!" 하는 기쁨의 탄식이 절로 터져 나왔다. 파타고니아에서는 사계절을 모두 만날 수 있다는 말이 있다. 지금까지 가을비부터 눈보라까지 가을과 겨울만 만났으니 제발 내일은 봄과 여름을 만날 수 있으면 좋겠다.

- 텐트 쉐어

오늘 저녁은 미역국. 고된 하루 탓에 며칠은 굶은 사람들처럼 미역국에 밥을 가득 말아 마지막 밥풀 한 알까지 싹싹 긁어 먹고 각자의 잠자리로 헤어졌다. 오늘은 내가 혼자서 자는 날이다. 다행히 어제와 달리 텐트가 나무 데크 위에 있어서 냉기 걱정은 덜었다. 침낭도 두툼하니 푹 잘 수 있을 것 같았고, 텐트에 손가락 한 마디 정도의 작은 구멍이 있긴 했지만 봉지로 막고 나니 완벽해졌다. 먹고 남은 과자와 내일 분량의 간식, 아침거리를 지퍼백에 잘 넣어두고 짐도 미리 정리해둔 다음 침낭 속에 들어가 누웠다. 텐트를 스치고 지나가는 바람 소리, 타닥거리는 빗소리, 흩날리는 나뭇잎 소리 그리고 작은 동물들이 지나다니는 소리까지. 세상에 이렇게 자연적이고 낭만적인 침실이 또 어디 있을까. 사람들이 캠핑이나 트레킹을 좋아하는 이유를 알 것 같았다.

곤히 자던 중 인기척에 잠이 깼다. 분명 무언가 나를 건드렸다. 아니, 내 위를 타고 지나갔다. 꿈을 꿨나 하는 순간, 발밑에 놔둔 봉투에서 바스락거리는 소리가 들렸다. 자세히 들으려고 푹 눌러쓴 침낭을 살짝 걷어 얼굴을 내밀고 소리를 듣고 있는데 물렁하고 뜨끈하면서 또 차가운 무언가가 내 입을 건드렸다!

"ㅈ…… 쥐…… 이!!! 끄아————!"

내 입을 건드린 것은 다름 아닌 쥐의 발이었다. 소스라치게 놀라 소리를 지르며 벌떡 일어났다. 순간 그 쥐가 튕겨 침낭 속에 들어갔다 나왔다. 온몸에 소름이 쫙 끼치고 부들부들 떨렸다. 형체까지 봤다면 기절했을지도 모른다. 덜덜 떨리는 손으로 랜턴을 켜고 텐트를 살펴보니 구멍을 막은 봉지는 나가 떨어져 있고 먹고 남겨둔 과자를 꺼내 긁어먹은 흔적이 보였다. 과자 먹은 걸 한탄하며 봉투째 텐트 안쪽 주머니에 넣어버리고, 아직 온전한 아침밥과 초코바 봉투는 못 건드리게 가방 위에 올려두었다. 뚫려버린 구멍도 다시 막았다.

어느 정도 진정이 되고 나서 불을 끄고 누웠다. 나무 긁는 소리, 옆집 텐트 뚫는 소리, 데크 위를 달려오는 발톱 소리까지 낭만적이던 소리가 이제는 공포가 돼버렸다. 침낭을 더 견고하고 빈틈없이 싸맸다. 이놈들이 달려오다 눈치를 보는 것까지 느낄 수 있을 정도로 예민해졌다. 오지 말라고, 나 깨어 있다고 소리를 질러보고, 야옹거리며 고양이 흉내까지 내봤지만 이 영리한 동물은 들은 체도 하지 않고 찾아왔다.

몇 시간을 그렇게 대치하다 자포자기하고 말았다. '그래, 너네도 먹고 살아야지.' 그렇다고 무서움까지 달아난 건 아니었기에 노래를 최대 음량으로 키워놓고 달그락거리는 소리들을 무시하며 겨우겨우 잠들었다. 하지만 선잠은 오래가지 못했다. 내가 잠이 들었음을 알았는지 내 위를 왔다 갔다 하는 건 기본, 지들끼리 찍찍거리며 싸우기까지 했다. 다시 눈을 번쩍 떴다. 왼쪽 귀에서 바스락바스락…… 오른쪽 귀에서도 바스락바스락……. 이놈들이 한쪽에서는 과자를, 한쪽에서는 아침밥 봉투를 뜯어먹고 있는 게 느껴졌다. 도저히 소름끼침을 참을 수 없었다. 나가긴 무섭고, 누운 채로 다리를 들었다 내렸다, 왔다 갔다 하며 몸부림을 쳤다. 그랬더니 구멍으로 후두두-하며 빠져나가는 소리가 들렸다. 아직 내 머리 위에 숨죽이고 있는 한 놈까지 다 내보내고도 올라온 닭살은 가라앉지 않았다. 겨우겨우 잠이 들면 꿈에까지 나타나 나에게 달려들었고, 이놈들을 피해 탈출하다 실패한 꿈을 꾸면서는 가위도 눌려버렸다.

그렇게 시달린 끝에 아침 일곱 시 반 알람이 울렸다. 이놈들은 내가 일어나야 하는 시간까지 계속 찾아와 음식을 먹어치웠다. 이젠 벌떡 일어나야 하는데 간밤의 터치가 생각나 몸이 움직여지지 않았다. 겨우겨우 힘을 짜내 소리를 지르고 발악하며 아무도 없다는 것을 확인한 후에야 어제의 전장을 맞이할 수 있었다. 조그맣게 뚫려 있던 텐트 구멍은 커져 있었고, 과자는 물론 아침밥으로 챙겨둔 식빵, 스프뿐만 아니라 지퍼백에 넣어둔 초코바 다섯 개마저 다 뜯어먹어 버렸다. 기가 막혀 헛웃음을 몇 번 하고 후다닥 텐트 밖으로 뛰쳐나왔다.

동행들을 만나러 산장으로 가는 길에 나무에 걸려 있는 다른 트레커의 가방이 보였다. 그제야 이놈들이 내 텐트에 찾아온 이유와 가방을 바닥에 놔둔 나의 잘못을 깨달을 수 있었다. 아마도 지난밤의 텐트 쉐어는 죽어서도 잊을 수 없을 거다.

-3일차:
로스 꾸에르노스 산장~이탈리아노 캠핑장
~그란데파이네 산장: 동행

하필 오늘은 3박 4일 중 가장 힘든 하루가 예정되어 있었다. 쿠에르노스에서 이탈리아노 캠핑장까지 5.5킬로미터, 거기서 두 번째 산봉을 보려면 가야 하는 바리타니코 전망대까지 산길 왕복 12킬로미터, 다시 이탈리아노에서 그란데 파이네 산장까지 7.6킬로미터로 총 25킬로미터 정도의 여정이다. 밤새 쥐와의 전쟁에서 패한 뒤라 체력보다는 정신력 싸움이 될 터이니 마음을 단단히 먹고 신발 끈을 동여맸다. 다행히 오랜만에 해가 조금씩 얼굴을 내밀고 있었다.

쿠에르노스 산장을 벗어나는 길은 어제의 엔도르핀 노르덴스크홀드 호수Lago Nordenskjold를 지나치는 루트였다. 에메랄드 빛 호수가 점점 손으로 만질 수 있는 정도까지 가까워지고, 언덕 너머에는 무지개가 떠 신비로움을 자아냈다. 잠시 발을 담그고 앉아 있을 여유조차 없다는 사실이 정말이지 아쉬웠다. 자꾸만 호수 쪽으로 돌아가는 고개를 바로 잡고 다시 산속으로 들어갔다. 초반에 내리던 눈도 그치고, 주변에는 보라색 작은 열매가 매달린 관목들이 펼쳐졌다. 바람이 얼마나 강한지 인증하듯 모든 나무가 계곡방향으로 휘어져 자라나고 있었다.

이탈리아노 캠프장까지는 금방 도착했다. 날씨가 좋아 발걸음이 빨라진 덕이었다. 이탈리아노 캠프장은 진작 겨울을 맞아 영업을 종료한 탓에 주변이 휑했다. 우리의 목적지를 향해 걸음을 떼려는 순간, 왠지 싸한 느낌을 풍기는 표시를 발견했다. '눈보라가 심해 브리타니코 전망대로 올라가는 길이 잠정 폐쇄되었다'는 표지판이었다. 그제에 이어 두 번째로 서로 눈빛을 교환하던 우리는 아쉬운 표정으로 주저앉았다. 승률 0퍼센트. 25킬로미터의 여정이 순식간에 13킬로미터가 돼버린 현실을 마주하고 허탈함이 담긴 웃음이 오고 갔다. 앉은 김에 주먹밥으로 대충 요기를 하고 산에서 흘러내려오는 빙하수로 물통을 두둑이 채운 뒤 다시 길을 걸었다.

멍하니 걸음을 이어가고 있었다. 그러다 그런 걸음을 이어가고 있다는 걸 번뜩 인지했다. 또 산봉은 어떤 모습이었을까 생각했다. 문득 군대를 다녀온, 혹은 아직 군대에서 나와 같은 나이에 불편한 군화를 신고 행군하고 있을 친구들 생각에 힘을 냈다. 이번에는 가족이 생각난다. 역시 또 힘이 난다. 한국에 돌아가면 뭘 하고 지낼까? 지금 나를 걷게 해주는 힘은 체력이 아니라 정신력이다. 이건 정신력으로 걷는 게 분명하다. 여기서 힘들다고 생각해볼까? 역시 발이 무거워졌네. 다시 멍한 걸음을 걸었다.

맥락 없는 생각들이 수다를 떨듯 잠깐씩 머물다 지나갔다. 그러고 보니 누가 그러자고 한 적도 없는데 우리는 걷는 동안 서로 말을 섞는 일이 거의 없었다. 멋있는 광경에서 "저기 봐", 갈림길에서 "어디가 맞지?"라며 묻고 답할 뿐, 각자의 방식대로 이어폰으로 노래를 듣거나 자연의 소리를 벗 삼아 자기만의 세계에 빠져 걸었다. 종종 산에 가면 큰 소리로 노래를 틀면서 걷거나 쉴 새 없이 수다를 떠는 사람들과 함께하는 일이 괴롭게 느껴지곤 하는데, 참 비슷한 사람들끼리 뭉쳐 다행이라는 생각이 들었다. 서로를 존중해주는 모습이 문득 고마워졌다.

계속 이런저런 상념을 흘려보내다 풍경을 놓치고 있다는 생각에 이르러서야 땅으로 향해 있던 고개를 들었다. 머릿속으로 그려온

파타고니아의 모습이 있었다. 황금빛 들판, 바람에 일렁이는 갈대, 관록에 매달린 작은 열매들, 오늘따라 영롱한 빙하호, 설산과 깎아지른 호른, 산봉 옆으로 언뜻 보이는 빙하까지……. 카메라는 물론 온몸으로도 감히 감당해내지 못할 자연이었다. 됐다. 이거면 충분하다. 감동이 토레스 산봉에 오르지 못한 아쉬움을 집어 삼켰다. 조금 더 가니 자작나무 같이 앙상하고 하얀 가지를 가진 나무들이 숲을 이룬 곳이 나왔다. 알고 보니 4년 전인가 이스라엘 여행자가 순간의 실수로 이 국립공원의 절반을 태운 사건이 있었는데, 그 흔적이 고스란히 남아 있는 구간이었다. 인간의 큰 실수로 생명을 잃었지만, 하얀 나무 뒤로 보이는 설산과 어우러져 이마저도 아름다움으로 승화되었다. 다시 황금들판을 건너 마지막 언덕에 오르자 페오에 호수Lago Pehoe가 모습을 드러냈다. 빙하호수를 계속 봐 왔지만 볼 때마다 벌어지는 입을 다물 수 없다. 사진에 담기 아까운 그곳에 한동안 멈춰 있었다.

오후 두 시. 생각보다 이른 시간에 산장에 도착해버렸다. 갈지 말지 고민하던 그레이 빙하를 다녀오고도 충분한 시간이었지만 가지 않기로 했다. 말은 안했지만 다들 오면서 본 풍경에 만족하는 눈치였다. 이로써 우리의 트레킹은 'W'에서 'ㅡ'코스가 되었다.

라면에 계란을 탁 풀어 따끈하게 점심 겸 저녁을 해결하고, 돈을 탈탈 털어 와인 한 팩을 샀다. 작은 잔에 와인을 한 잔씩 나눠 눈보라가 치고 바람이 거세게 불었지만 무사히 여기까지 왔음에 감사하며 건배로 우리의 마지막 밤을 마무리했다.

나탈레스로 돌아가는 버스 시간에 맞추려고 동이 트기도 전에 산장을 떠났다. 평소보다 강한 바람과 호수 옆으로 난 좁고 경사진 돌길은 사고 나기에 딱 좋은 조건을 가지고 있었다. 한 발자국 내딛기도 어려운 길. 봉욱 오빠를 선두로 서로 의지해가며 바짝 엎드려 절벽을 기고, 바람에 몇 번이나 휘청거린 뒤에야 겨우 평지에 닿을 수 있었다.

그 사이 해가 떴다. 금방이라도 불곰, 아니 공룡 한 마리가 뛰어와도 이상하지 않을 것 같이 넓은 들판과 맑아지는 하늘 뒤로 걸린 무지개가 색을 더했다. 오늘도 아무도 쉽게 말을 꺼내지 않았다.

3박 4일. 대자연 위를 한없이 걷고 걸으며 참 많은 생각을 했다. 온전히 걷고 있는 나에게 집중하려 노력해보기도 하고, 좋아하는 것, 새로운 마음가짐, 지난 일, 앞으로 나아갈 일에 대한 생각도 했다. 물론 멍청하고 엉뚱한 생각도 많이 하고, 가끔은 멍 때리며 아무 생각 없이 자연을 바라보면서 평안을 얻기도 했다.

막상 돌아오니 소감이나 감정을 말이나 글로 정리하기 어렵다. 생각의 양에 비해 결론을 낸 문제는 손에 꼽고 그마저도 맞는 답인지 여전히 헷갈린다. 그때 누군가가 해준 말이 떠올랐다. 무언가를 정면으로 마주했을 때 오히려 그 가치를 알아채지 못하곤 한다고, 때로는 조금 떨어져서 봐야 하는지도 모른다는 말이다. 그래서 이

감정을 굳이 풀어내지 않기로 했다. 한 숨 삼키고 시간이 흘렀을 때 다시 정리해보려 한다.

– 일탈 다이어리 2: 빙하 앞에 서다

바람이 떠드는 수다만이 동네를 가득 메울 정도로 고요한 엘 깔라파떼에 사람들이 모이는 이유는 바로 '페리토 모레노 빙하^{Perito Moreno Glaciar}' 때문이다. 토레스 델 파이네 트레킹을 끝내고 돌아오자마자 염치 불고하고 하루 더 휴가를 냈다. 날씨도 좋아 오랜만에 화장도 하고 과일과 샌드위치를 챙겨 소풍가는 기분으로 후지민박을 탈출했다.

호스텔 식구 몇몇과 함께 벤을 타고 엘 깔라파떼에서 두어 시간쯤 달리니 빙하의 일부가 보이기 시작했다. 구불구불한 길을 지나 점점 그 거대한 실체가 모습을 드러냈다. 전망대에서 주어진 시간은 두 시간 반. 천천히 구경하자고 이야기하는 순간, 눈앞에 펼쳐진 페리토 모레노 빙하를 발견하고는 나도 모르게 발걸음이 빨라졌다.

처음 맞이한 빙하는 사진에서 보던 모습 그대로였다. 하지만 사진에 담을 수 없는 포스를 품고 있었다. 영롱하고 푸른 빛깔과 뾰족뾰족한 외형, 종종 떨어지는 빙하에서 들리는 엄청난 소리와 물보라에 오감이 모두 깨어나는 느낌이었다. 특히 빙하가 떨어지면서 나는 나무 갈라지는 소리와 '쿠구궁' 하는 천둥소리는 빙하의 마지막 발악 같았다. 육안으로는 공책만 한 작은 크기인데 소리로 들으

그 사이 해가 떴다.

금빙이라도 불곰, 아니 공룡 한 마리가 뛰어와도 이상하지 않을 것

같이 넓은 들판과 맑아지는 하늘 뒤로 걸린 무지개가 색을 더했다.

니 그 무게감이 실로 어마어마해 보였다.

산 너머에서 내려오는 빙하가 신기해 설명을 읽어보니 칠레 부근에서 시작돼 그 길이만도 30킬로미터가 넘는단다. 중력의 이치에 따라 흘러 내려온 빙하는 호수와 만나는 곳에서 무너지기도 하고 견뎌내기도 하는 성장과 후퇴를 반복하며 1년에 600미터씩 움직인다고 한다. 주변 산에 쌓인 눈이 계속 유입돼 유일하게 녹지 않고 성장하면서 제 모습을 지키고 있는 빙하라고도 하던데, 갈수록 뜨거워지는 지구 때문에 미래에는 이러한 설명이 자취를 감출지도 모르겠다.

더 가까운 전망대로 걸음을 옮겼다. 자연 앞에서는 저절로 경건해진다. 어마어마한 대자연에 비하면 인간은 한없이 작고 나약한 존재라는 걸 알기 때문이다. 몇 만 년의 시간이 쌓아온 작품에 비하면 작은 흠집에 불과한 내가 그 모습을 똑같이 담겠다고 카메라 렌즈를 들이민 것이 부끄러워졌다. 설산, 깊게 패인 호른, 멀리서부터 넘어오는 빙하, 눈, 주름이 진 듯 엉겨 붙고 칼에 베인 듯 날카로운 얼음, 위태위태한 빙붕과 떨어져 나와 강 위를 유유히 흐르는 크고 작은 유빙들을 차근차근 눈에 담았다.

정말 고맙게도 페리토 모레노 빙하는 인간의 손길을 허락해주었다. 선착장에서 배를 타고 빙하의 측면으로 향했다. 바로 코앞에서 보는 빙하의 높이와 위엄은 더 대단했다. 배는 호수에 떠 있는 유빙 사이를 유유히 지나 빙하트레킹 선착장에 우리를 내려놓았다.

그룹이 꾸려지고 가이드의 간단한 설명이 이어졌다. 가장 중요한 것은 '어느 지반이 약할지 모르기 때문에 가이드 뒤를 졸졸 따라다녀야 한다'는 것. 그룹마다 앞뒤로 두 명의 가이드가 따라붙었다. '얼음 위를 걷는다'만을 충족시키는 원시적인 아이젠을 신발에 장착하고 드디어 빙하 위에 올랐다. 설피를 신고 폭신폭신 눈 위를 걷는 느낌일 거라고 착각한 나는 힘차게 한 발을 내딛고 깨달았다. '아! 이거 얼음이었지!' 하고……. 빙하는 마치 꽁꽁 언 캔디바 같았다. 무식하게 크고 무거운 아이젠은 얼음에 잘 박히지도 않아 공룡이라도 된 듯 어그적어그적 발을 뗐다.

겉에서 볼 때와 달리 빙하 위는 주변에서 날아온 먼지와 유기물 때문에 꽤 지저분했다. 게다가 흐려진 날씨 탓에 영롱한 빛깔을 자랑하는 빙하는 기대할 수 없었다. 그래도 센스 있는 가이드가 다른 팀이 가지 않은 길을 골라 움직이며 빙하의 맛을 보여주었다. 빙하는 안에서도 다양한 예술을 부리고 있었다.

크레바스(반층에 굴곡이 있거나 큰 암석 같은 장애물이 있으면 빙하가 중력이나 융해되어 내려오는 과정에서 그 부분을 비우게 되는데 그것을 크레바스라고 한다)는 깊이가 몇백 미터가 넘는 경우도 있기 때문에 자칫 이곳에 빠지면 생명을 부지하기 어렵다며 매번 주의를 주었다. 빙하가 녹거나 비가 내리면서 몇몇 크레바스에 물이 채워져 있었는데, 가이드가 한 명씩 손을 잡고 빙하 물을 먹을 수 있게 도와주었다. 투숙하는 손님들이 빙하 트레킹을 다녀오면서 떠오는 물을 몇 번 먹어봤지만 그 물과는 차원이 다르게 시원하고 상쾌했다. 아무래도 분위기가 맛을 만드는 것이 확실했다. 점점 더 안쪽으로 들어가며 길이

영롱하고 푸른 빛깔과 뾰족뾰족한 외형,
종종 떨어지는 빙하에서 들리는 엄청난 소리와 물보라에
오감이 모두 깨어나는 느낌이었다.

없는 언덕은 얼음을 쪼개 계단을 만들고 지반이 약해보이는 땅은 툭툭 두드리면서 트레킹을 이어갔다. 크고 작은 크레바스와 빙하 동굴까지 보고 나니 벌써 땅으로 돌아가야 했다. 우리가 한 것은 미니 레킹이라 정말 빙산의 일각을 볼 뿐이었다. 더 깊숙이 들어가는 빅 아이스 트레킹도 있는데 미니 트레킹을 선택한 과거의 내가 조금 원망스러워졌다.

대신 미니 트레킹만의 즐거움을 누릴 차례. 아쉬운 표정들 사이로 가이드가 옆에 있던 빙하를 퍽퍽 깨더니 거침없이 잔에 쏟아 부었다. 그리고 그 아래로 노란 위스키가 채워졌다. 잔을 들었다. 노란 호수에 떠 있는 나만의 빙산이 생겼다. 사람들도 각자 하나씩 자기만의 빙산을 들고 건배를 나눴다. 목구멍을 타고 흐르는 노란 호수는 빙하가 견딘 인고의 시간처럼 뜨겁게 목을 적셨다.

돌아오는 배를 기다리는 사이 또 다시 쿠구궁! 하고 빙하가 떨어졌다. 수만 년의 기록을 안고 떨어지는 빙하의 무게와 그 속살을 밟고, 느끼고, 맛본 좋은 날이었다.

- 후지 다이어리: 돌아올 곳

어느새 일주일을 밖에서 보내고 다시 후지민박 매니저로 돌아왔다. 돌아올 곳이 있으니 한결 편안했다. 숙소를 구하느라 초조해 할 이유도 없고, 낯선 동네에 적응하려고 지도를 공부할 필요도 없었다. 그저 익숙한 길을 따라 집으로 향하면 그만이었다. 집에는 나를 반겨주는 고양이들이 있고, 체취가 배인 베게와 이불커버 그리고 지친 몸을 편히 뉘여도 불편하지 않은 공간이 있다. 떠나보니 알겠다. 헤어짐과 떠남의 연속이며 새로운 자극들이 가득한 여행에서 '돌아올 곳'이 있다는 것은 꽤나 특별한 일이란 걸.

- 후지 다이어리: 안녕, 후지

구석구석 손이 가지 않는 곳이 없다 보니 짧은 시간 정이 참 많이 들었다. 밥 시간을 정확히 맞춰오는 고양이 두 마리도, 손님들의 투어 예약을 해주느라 전화하면서 장난도 치던 여행사 직원도, 바람에 펄럭이며 나를 애먹인 빨래도, "매니~저" 하고 불러주던 손님들도, 도미토리 방 오른쪽 1층 침대도, 내가 좋아하는 파란색 꽃이 그려진

하얀색 침대시트와 베개도, 햇살이 따스하게 들어오는 부엌 창가도 이제는 마지막이다. 떠나기 며칠 전부터 아직 못해본 것들을 해나 갔다. 손님이었던 소애 언니가 알려준 레시피를 따라 베이글을 만 들어 사람들과 나누고, '다시 이곳으로 돌아오게 해준다'는 전설을 가진 보라색 열매 '칼라파테'가 들어간 아이스크림을 먹고, 해가 뜨 기 전에 일어나 새벽 별을 보고, 동네도 한 바퀴 크게 돌았다.

　마지막 날 아침에 앞으로 후지를 맡아줄 시철 오빠에게 인수인계 를 하고 나니 완전한 여행자 신분이 되었다. 밖으로 나와 단골이 된 돈 루이스 카페에 가서 빵과 커피를 주문하고 그동안 나에게 넓은 세계를 만나게 해준 여행자와 그들과 나눈 이야기들을 되뇌는 시간을 가졌다. 나이와 상관없이 여전히 꿈을 꾸는 언니, 오빠들에게 자극을 받기도 했고, 그동안의 경험에 얽매이지 말고 넓은 세계를 보라는 배움을 얻었다. 선택과 책임이라는 단어에 대한 고민도 했고, 겉만 번지르르한 나를 반성할 기회가 생기기도 했다. 허전하고 시원섭섭하기만 하던 마음이 그들 덕분에 따뜻하게 물들었다.

이제 다시 여행을 한다. 여전히 첫 날 머물 숙소도 계획된 루트도 없다. 초보여행자 티를 이제 조금은 벗은 것 같은데, 여윳돈과 항공권이 마땅치 않아 6월 초면 한국으로 돌아가야 한다는 사실은 좀 슬프다. 하지만 새로운 여행 목표가 생긴다면, 돌아갈 날이 정해졌어도 하던 대로 몸과 마음이 이끄는 곳으로 움직이기. 그 외 다른 목적이나 목표는 두지 않고 마음껏 즐겨보자 다짐해본다.

아르헨티나: 3

여행 2학기, 피츠로이^{Fitzroy}

첫 여행, 첫 만남, 첫 사랑. 단어에 '처음'이 붙으면 설렘이 가득해진다. 오늘은 후지민박을 떠나 '처음' 여행을 시작하는 날. 세상의 온갖 설렘과 긍정의 기운이 나에게 밀려오는 듯 했다.

첫 여행지는 남미의 3대 미봉 중 하나인 피츠로이봉이 있는 엘 찰텐^{El Chalten}. 후지민박에 지낼 때 손님들이 너도나도 입을 모아 극찬을 아끼지 않던 그 엘 찰텐에 가보기로 했다. 지난 마추픽추, 토레스, 모레노 등의 트레킹을 생각해봤을 때 나는 분명 날씨와 연이 없는 게 확실했지만, '처음'이니까 이번엔 다를 거라는 긍정의 힘이 다시 한 번 솟아올랐다.

피츠로이봉은 떠오르는 해가 비출 때 그 아름다움을 더한다고 하던데, 버스에서 내리니 때마침 해가 피츠로이봉을 비추고 있었다. 명성을 증명하기라도 하듯 도자기처럼 매끈하고 위엄 있는 자태를 뽐내는 봉이 붉게 달아올랐다.

딱 트레킹하기 좋은 날씨여서 낮에는 왕복 다섯 시간 정도 되는 세로토레Cerro Torre를 다녀오고, 다음날 붉게 타오르는 피츠로이를 맞이하려고 일찍 잠이 들었다. 트레킹이나 등산을 즐기는 편이 아닌데도 몸이 먼저 준비하는 것을 보니 처음의 힘이 발휘되고 있음이 분명했다.

그런 나를 비웃기라도 하듯 밤 동안 줄기차게 비가 내렸다. 결국 출발해야 할 시간까지 대차게 내리는 비 때문에 해가 완전히 뜬 아침이 되어서야 길을 나설 수 있었다. 그런다고 포기할소냐! 트레킹 길에 오르는 마음은 여전히 즐거웠다. 피츠로이봉까지 가는 길은 화강암 지대인데다가 단풍까지 물들어 있어 우리나라 가을 산 같았다. 산길이 이렇게 정겹고 포근할 수도 있다는 사실에 신기해할 즈음 빙평원이 나타났다. 멀리 산에서부터 흘러내린 빙하수가 자유롭게 구불거리며 평원을 흐르고, 회색빛을 내뿜었다.

이어진 길은 꽤 평탄했다. 하지만 아까부터 심상치 않게 불어재끼던 바람이 산 중턱에 있는 카프리 호수Laguna Cafri에 가까워질수록 절정에 치닫고 있었다. 호수 위로 둥글게 말린 무지개를 감상할 틈도 없이 함께 산길을 오르던 일행의 모자는 하늘 높이 날아가고 바람이 들어 올린 호수의 물방울들이 얼굴을 정통으로 가격하기 시

작했다. 제대로 걸을 수 없어 한동안 나무를 잡고 서 있다가 잠시 잠잠해진 틈을 타 안쪽 숲길을 통해 미친 듯이 빠져 나왔다. 호수는 계속해서 태풍을 만난 바다처럼 파도쳤다. 호수를 벗어나서도 바람은 계속 불었고 이번에는 비까지 내리기 시작했다. 물이 이렇게 따가울 줄 누가 알았을까? 해도 없는데 비를 막느라 선글라스를 꼈고, 방수가 안 되는 패딩은 물을 먹어 점점 무거워져 갔다.

나무들이 그나마 비를 막아주는 캠프장에서 잠시 쉬며 에너지를 보충하는데, 갑자기 일행이 "가도 봉이 보일까?"라고 물었다. 간단한 질문 한 마디에 마음이 요동쳤다. 돌아가고 싶은 마음이 한아름인데, 그만큼 포기하고 싶지 않은 마음도 한아름이었다. 이번에도 역시 '다시 시작하는 첫 여행인데 분명 도착하면 잘 보이게 될 거야'라는 처음의 속삭임이 귓가에 맴돌았고, 그대로 "가보죠"라고 말했다.

삶은 달걀 세 개를 흡입하고 다시 길을 걸었다. 나무판자로 연결된 시냇물을 건너니 마의 2킬로미터 언덕이 등장했다. 피츠로이에 다녀온 사람들을 피로의 골로 보내버린다는 그 구간. 겁나게 표지판에도 심신이 건강한 사람만 오르라고 쓰여 있었다. 크게 호흡을 한 번 내쉬고 골로 가는, 아니 피츠로이로 가는 길에 발을 디뎠다. 기본적으로 경사가 가파른데 비로 흙이 뭉개져 길과 길이 아닌 곳이 구분되지 않았다. 거의 사족보행을 하듯 산을 올랐다. 오르는 동안 고맙게도 비가 그쳤다. "와, 진짜 겁나게 힘드네." 이런 소리가 절로 나오긴 했어도 날씨가 좋아지니 마음까지 좋아졌다. 게다가 높

은 경사만큼 고도도 금방 높아져 등 뒤로 보이는 경관이 장관이었다. 힘들다고 생각하던 마음을 단숨에 녹여버릴 만큼, '이래서 사람들이 등산과 트레킹을 하는구나' 하고 이해할 수 있을 풍경이었다.

겨우겨우 도착한 피츠로이 전망대. 누가 "준비~, 땅!"이라도 외친 듯 다시 거센 바람이 시작됐다. 피츠로이봉을 찍는 과정은 흡사 전쟁 영화를 방불케 했다. 적군은 바람이다. 큰 바위 뒤에 몸을 붙여 마치 군인이 총을 장전하듯 카메라를 장전한 뒤 적진을 향해 돌격! 세 컷을 성공한 뒤 다시 바위 뒤로 후퇴. 대단한 옆 전우는 눈도 못 떠가며 파노라마를 찍고 있었다. 카메라는 포기하고 바라만 봐도 상황은 비슷했다. 전망대 오른쪽으로 빙하로 가는 길이 있었는데, 그쪽으로 가다간 생명을 부지하지 못할 것 같아 일찍이 포기했다. 점점 더 나빠지는 날씨에 10분도 채 못 있고 도망치듯 전망대를 내려왔다. 저절로 실소가 터져 나왔다.

내려가는 길에는 줄기차게 비가 내렸다. 정말 징하게 내려서 하산하는 동안 패딩에 들어찬 물을 쭉쭉 짜고, 젖어 흘러내리는 바지와 속옷을 붙들며 뛰다시피 내려왔다. 아, 물론 양쪽 신발에 호수도 두 개 생겼다. 물에 빠진 생쥐 꼴이 된 채로 도착한 호스텔에서 확인한 일기예보는 맑음. 다시 한 번 터져 나오는 실소. 불타는 피츠로이 대신 내가 불탄 듯 했다. 그나마 아직까지 기력이 남은 처음의 힘이 '내일'이라는 단어를 떠오르게 했다. '그래, 내일은 괜찮겠지. 수고했다.' 새로운 여행의 시작이 상큼하다.

화산이 터지다

"속보입니다. 산 위에서 시작된 거대한 연기가 끊임없이 하늘 위로 치솟고 있습니다. 마을은 마스크를 낀 사람들이 혼비백산하고 있으며 정부에서는 대책 마련을 위해 고군분투하고 있습니다."

피츠로이에서 젖은 몸을 씻고 나오니 사람들이 모두 텔레비전 앞에 모여 있고 긴장감이 맴돌았다. 알아듣지 못해도 BBC 뉴스 아나운서의 표정에서 심각함이 느껴졌다. 칠레 푸에르토 몬트Puerto Montt

에 있는 칼부코Calbuco 화산이 터졌다는 속보였다. 바로 서쪽에 붙어 있는 칠레에서 화산이 터진 것이다. 빠르게 솟아오르는 잿빛 연기가 핵 폭파 장면처럼 위협적이었다. 나를 포함한 주변 사람 모두 영화나 영상으로만 보던 장면이라 여전히 믿겨지지 않는 눈치였다.

다음날 아침 뉴스에서 용암 폭발은 아니었고, 아직까지 인명피해도 없지만 많은 시민들이 불편을 겪고 있으며 당국은 경계령을 선포했다고 설명했다. 남미여행 커뮤니티에 들어가 보니 푸에르토 몬트로 오고 가는 버스고 항공이고 운행이 중단돼 오도 가도 못하고 있다는 소식들이 올라왔다. 다음 여행지인 아르헨티나 바릴로체 Bariloche에서 만나기로 한 아는 작가님의 팀도 몬트에 발이 묶여 빠져나갈 대책을 찾는 중이었고, 나보다 먼저 바릴로체에 가 있던 소애 언니도 그곳까지 화산재가 번져 결국 몬트를 포기하고 아르헨티나 북쪽으로 경로를 바꿨다고 했다. 그 사이 한국에도 소식이 전해졌는지 여러 통의 안부 연락이 왔다. 다행히도 엘 찰텐은 몬트와 거리가 있어 하루 종일 비가 내리는 것 말고는 문제가 없었다. 다만 바릴로체에서 칠레로 넘어가려던 계획에 차질이 생겼을 뿐이었다.

한 없이 철없는 줄 알면서도 가장 먼저 든 생각은 '저기로 가야겠다'였다. 죽기 전에 한 번쯤은 활화산을 꼭 보고 싶었다. 터지지 않아도 좋으니 근처라도 가봤으면 싶던 활화산이었는데, 바로 옆 동네에서 엄청난 대폭발이 일어났다니. 붙잡고 있던 이성이 아차 하는 사이, 흥분이 치고 올라와 버렸다. 결국 가장 빠른 차를 타고 엘 깔라파떼를 거쳐 바릴로체로 향하기로 결정했다.

남은 시간 동안 동네에 있는 작은 기념품 가게에서 파타고니아 지역의 1:2,500,000 지도를 사서 들어왔다. 지도에 화산이 터진 푸에르토 몬트와 화산재가 퍼졌다는 바릴로체를 표시하고 깜짝 놀랐다. 두 곳의 직선거리가 북쪽으로 115킬로미터 정도 떨어져 있었다. 100킬로미터면 꽤나 먼 거리다 싶은데, 자연에게 100킬로미터는 우스운가 보다.

작은 폭발이 한 번 더 일어났고, 날이 갈수록 피해가 커졌다. 마스크 가격이 하늘 높은 줄 모르고 솟고 있다는 뉴스가 나오고, 상점의 비어 있는 진열대도 눈에 띄었다. 3일 만에 몬트에서 북쪽으로 나올 수 있는 길은 모두 막혔고, 바람을 타고 날아간 화산재 때문에 바릴로체도 피해가 더 커졌다고 했다. 약 960킬로미터 정도 북쪽에 있는 칠레의 수도 산티아고에서도 비행기가 결항되고, 심지어 오늘 저녁 중으로 안데스 너머 아르헨티나 멘도사에도 화산재가 번져 아르헨티나에서 칠레로 들어가는 모든 길이 막힐지도 모른다는 이야기까지 돌았다. 가능하다면 바릴로체에서 바로 칠레로 넘어가 볼 생각이었지만 계획대로 될지는 미지수였다.

바릴로체까지 가는 데는 28시간이 걸렸다. 눈이 쌓인 들판에서 출발한 버스는 북쪽으로 위도 10도 정도를 올라가면서 중위도 지역으로 들어가 점점 침엽수림이 나타났다. 엘 찰텐에서 엘 깔라파떼로, 그리고 리오 가예오스를 거쳐 돌고 돌아 버스이동 26시간 째. 저 멀리 어둠과 함께 뿌연 잿빛의 안개가 가라앉고 있는 계곡이 보였다. 바릴로체였다.

화산의 흔적을 찾아

화산폭발 4일차. 드디어 도착한 바릴로체 광장에는 아이들이 무슨 일이 있었냐는 듯 뛰어놀고 있었다. 저녁 늦게 도착한 터라 시정이 얼마나 되는지는 잘 모르겠지만 마스크를 낀 몇몇 사람들을 제외하고는 변함없이 자기 생활을 하고 있는 것 같았다.

자고 일어나 바릴로체를 한 번에 조망할 수 있는 세로 오토^{cerro} 전망대에 오르려고 밖으로 나왔다. 어제 저녁에 본 뿌연 하늘은 온데간데없고 푸른 하늘이 먼저 반겼다. 숙소 뒤로 난 산길을 따라 오르는데 보이지 않는 화산재 때문인지 숨이 턱턱 막혀 히치하이킹이라도 하고 싶은 심정이었다.

그 순간 뒤에서 하얀 차 한 대가 멈춰서더니 타지 않겠냐고 물어왔다. 괜찮다고 하고 싶었는데 입에서는 "타도 돼요?"가 먼저 튀어나왔다. 가파른 등산길을 5분 만에 올라 세로 오토에 도착했다. 정말 바릴로체가 한 눈에 내려다보였다. '화산 피해'라는 단어와는 거리가 멀어 보이는, 예쁜 호수 마을이었다.

차를 태워준 친구의 이름은 알폰소. 폰초라는 별명을 가진 베네수엘라 친구였다. 3년 전에 바릴로체에 왔고 지금은 바릴로체 공식 사진작가로 일하고 있다고 자신을 소개했다. 덕분에 나는 좋은 사진도 찍히고 바릴로체에 대한 간단한 설명도 들으며 편하게 구경하고 내려올 수 있었다. 폰초는 오늘 오후에 항공기 결항이 풀릴 예정이라는 정보가 있다고 했다. '벌써?'라는 의문이 들었지만 비행기가

숙소 뒤로 난 산길을 따라 오르는데
보이지 않는 화산재 때문인지 숨이 턱턱 막혀
히치하이킹이라도 하고 싶은 심정이었다.

운행하면 버스길도 당연히 풀릴 테니 다행인 일이었다. 폰초가 자기는 이제 공항으로 취재를 다녀올 거라고, 돌아오면 옆 동네에 구경 가자고 제안했다. 물론 좋다고 했다.

오후로 접어들면서 바릴로체는 다시 화산재 안개 속으로 잠겨들어갔다. 폰초가 금방 돌아온 것을 보니 비행기도 다시 결항된 듯 했다. 차를 타고 옆 동네로 가는 동안 잿빛 안개는 더더욱 진해져 눈앞의 차도 제대로 보이지 않을 정도가 됐다. 결국 우리는 원래 계획한 목적지를 가는 대신 전망대마다 서서 폰초가 전에 찍어둔 원래 모습과 오늘의 모습을 비교하면서 시간을 보냈다. 폰초는 "아침에는 날씨가 좋았는데……"라며 안타까워했지만 한국에서는 이런 경험을 할 수 없으니 괜찮다고 위로 아닌 위로를 건넸다.

전망대 난간에 쌓여가는 화산재를 찍고 있는 나를 보던 폰초가 이정도인 게 다행이라며 말을 꺼냈다. 2011년에 칠레 푸예우puyehue 화산이 터졌을 때는 바릴로체에 화산재가 27센티미터나 쌓였고 자기 여자 친구의 양들이 모두 죽고 말았다는 이야기를 해줬다.

"6000마리나 죽었다고?"

"응, 6000마리! 화산이 터진 이후에 비가 왔는데, 화산재가 물이랑 만나면 끈적끈적해지다가 이내 콘크리트처럼 굳어. 그래서 가축들이 하나둘 죽어나갔고 산도 모조리 회색으로 뒤덮인 채 굳어버렸다고 해."

빨리 비가 와서 하늘을 깨끗하게 씻겨주었으면 좋겠다고 생각하던 내가 멍청했음을, 그리고 이 상황은 나에게만 흥분되는 일이지

이들에게는 현실이라는 사실을 절감했다. 이미 피해를 입은 칠레 주민은 불안에 떨고 있고, 학생들은 학교도 가지 못하고 있었으며, 앞으로 추가적인 폭발이 발생한다면 이곳에도 2011년과 같은 끔찍한 죽음이 또다시 발생할지도 모를 일이었다. 도망간 이성이 되돌아오는 기분이 들었다. 마음속 깊은 곳부터 미안한 마음도 함께 끓어올랐다. 폰초에게 진심을 다해 사과했다. 그리고 더 이상 칠레로 넘어가려고 애쓰지 않기로 했다.

며칠 뒤, 몬트에 있던 작가님 일행이 배를 타고 아르헨티나로 넘어왔다는 연락을 받았다. 동네도 많이 진정된 듯하다. 다행이다. 정말 다행이다.

제3부
함께하다. 여럿이 만드는 여행

6. 칠레

누군가를 생각하지 않으려고 애를 쓰다 보면

누군가를 얼마나 많이 생각하고 있는지 깨닫게 된다.

있다와 없다는 공생한다.

부재는 존재를 증명한다.

-황경선, <생각이 나서>

발파라이소: 사람의 온기

어언 한 달을 후지민박에서 생활하면서 사람의 온기에 익숙해져서인지 다시 시작한 혼자 여행은 맨 처음 남미 땅에 떨어졌을 때와 사뭇 다른 느낌이었다. 그때는 나에게 집중하려 노력했다면 지금은 북적이고 따뜻했던 온기를 잊으려 노력하며 여행을 이어가고 있는 듯하다. '새로운 시작'이라는 활기참이 잦아들고 화산폭발이라는 흥밋거리로 미뤄둔 공허함과 외로움이 몰아쳤다. 예전처럼 그냥 여행하면 될 것을 괜히 잊으려고 노력하니 더더욱 사람의 온기가 그리워졌다. '나란 사람은 누군가와 함께일 때 더 빛나는 존재인가'라는 생각이 들기도 했다.

바릴로체에서 결국 칠레로 넘어가지 못하고 북쪽의 멘도사Mendoza라는 도시에 왔다. 칠레로 넘어가기 전, 페루에서 친해진 칠레 커플 파울리와 후안에게 연락했다. 나의 외로움을 모르는 그들에게는 그냥 '칠레로 넘어갈 예정인데 너희를 보고 싶다' 정도로만 이야기를 해두었다. 두 사람은 양팔 벌려 환영한다고 했다. 그렇게 다음 여행지는 칠레의 수도 산티아고에서 한 시간 반 정도 떨어진 항구마을 '발파라이소Valparaiso'로 정해졌다.

메일 이외에는 연락할 방법이 없으니 일단 발파라이소 터미널에서 만나기로 했는데, 어찌된 영문인지 국경부터 길이 꽉 막히기 시작했다. 화장실과 매점을 다녀와도 도통 움직임이 없는 버스는 두 시간이 흘러서야 간신히 국경을 넘었다. 그 이후에도 여기저기 들리는데다 퇴근 시간이 겹치면서 야속한 시간은 빠르게 흐르고, 나는 연락이 닿지 않아 걱정할 그들을 생각하며 발만 동동 굴렀다. 그들만 믿고 떠난 길이니 만일 아무도 없다면 숙소를 찾는 일부터 문제였다. 시내에서 버스가 설 때마다 핸드폰을 붙잡고 와이파이 목록을 새로 고쳐가며 여러 차례 시도했지만 연결이 될라치면 끊기는 탓에 마음이 더 초조해졌다. 결국 해가 다 지고 나서야 바다가 보이기 시작했다. 네 시간 만에 도착한 터미널은 사람으로 가득했다. 배낭을 짊어지고 두리번거린 순간, 후안과 파울리가 달려왔다. 아무리 기다려도 오지 않아 이번 버스까지만 기다리고 가려 했다며 고생 많았다고, 발파라이소에 온 걸 정말 환영한다고 한참을 끌어안아주었다. 나도 나지만 네 시간 동안 하염없이 나를 기다린 그들의 얼굴은 한껏 수척해져 있었다. 정말이지 고맙고 반가웠다.

간단한 먹거리를 사서 버스를 두 번이나 갈아타고 가파른 언덕을 오른 후에야 집 앞에 도착했다. 우리를 보고 문 앞 담벼락에서 고양이 한 마리가 뛰어내려오더니 후안의 품에 안겼다. '티토'. 후안과 파울리의 가족이었다.

티토와 함께 집에 들어가다 멈칫했다. 가정집에 초대 받은 건 처음이라 신발을 벗어야 하나 말아야 하나 망설이다 반쯤 벗은 신발을 다시 신었다(다행히 눈치는 못 챈 것 같다). 깨끗하고 정갈하게 매트를 깔아둔 집에서 신발을 신고 다니는 건 정말 적응하기 힘든 문화다.

후안과 파울리의 집은 기차 같았다. 안으로 긴 직사각형의 집은 방을 지나야만 그 다음 방으로 넘어갈 수 있었다. 거실을 지나면 서재와 옷방, 서재를 지나면 부엌과 화장실, 부엌과 화장실 통로를 지나면 침실, 침실을 지나면 다용도실, 다용도실에서 지하 작업장으로 내려가는 길과 다용도실 창문 밖에 걸어둔 빨래, 그리고 이어지는 먼 바다의 수평선까지.

"잠깐, 수평선? 야, 여기 너무 멋있잖아. 이런 야경을 매일 보며 사는 거야? 미쳤어, 미쳤어 정말!"

전형적인 해안가 마을인데다 언덕 중턱쯤 위치한 이 집에서는 가로등과 항구의 불빛과 바다에 뜬 어선들의 불빛 그리고 반짝이는 하늘의 빛까지 한눈에 담겼다. 이런 풍경이라면 냉소적인 사람도 감수성이 퐁퐁 올라올 것 같았다. 호들갑을 떠는 나를 보더니 후안은 아직 끝나지 않았다며 다짜고짜 문제를 냈다.

"우리만의 비밀공간이 있는데 한 번 찾아볼래?" 더 이상의 공간은 없어보였다.

"설마 저 바다?"

"땡. 짠~"

부엌 천장에서, 통로 천장에서, 옷 방 안에서 숨어 있던 공간들이 튀어나왔다. 집이 협소해 구석구석 만들어 놓은 선반과 수납공간이었다. 동거하면서 작은 집을 조금씩 채워나가는 재미가 쏠쏠하다고 했다. 가끔 산책을 나가서 쓸 만한 것을 주워다 고치거나 손재주 좋은 후안이 직접 만든 소품과 가구에서 애정과 정성이 느껴졌다. 너도 이 집과 친해졌으면 좋겠다는 말과 꿀이 뚝 떨어지는듯 행복한 눈에 진심이 담겨있었다.

간단히 저녁을 먹고 후안이 옷 방에 잠자리를 마련해주었다. 매트리스까지 깔고 나니 스위트룸이 따로 없었다. 노곤한 몸을 뉘자 티토도 매트리스 위로 올라왔다. 파울리가 티토는 도도해서 우리 말고 딴 사람에게는 저런 적이 없는데 네가 좋은가보다며 신기해했다. 나도 동물과 그리 가깝게 지내는 편은 아니었지만 티토와의 동침은 기분이 좋았다.

불을 끄고 티토의 온기를 느끼며 침대에 누워 있으니 울적했던 마음이 조금씩 녹았다. 구멍이 뻥뻥 뚫려 외롭고 공허하던 빈자리가 메워지고 있음이 분명했다.

잠이 들 때까지 외로움을 인정하는 시간을 가졌다. '혼자 여행을

시작했으니 혼자서 꿋꿋이 여행을 이어가야 하고 모든 쓸쓸함은 이겨 내야 해'라고 말하며 애써 외로움을 외면하는 대신, 그리우면 그리운 대로 슬프면 슬픈 대로 그 감정을 풀어내기로 했다. 적어도 나까지 내 감정을 속일 필요는 없으니까 말이다.

- Camera Bra

핸드폰으로 아침밥 사진을 찍는 나를 보던 파울리가 카메라의 행방을 물어왔다. "아르헨티나에서 여행하다가 부서졌어⋯⋯."

가방 깊숙이 넣어둔 렌즈와 몸통이 분리된 카메라를 꺼내 보여줬더니 두 사람의 입이 쩍 벌어졌다. 후안은 두 동강난 카메라를 이리저리 살펴보면서 사용방법을 묻고, 파울리와 뭔가를 상의하더니 자리에서 일어났다.

"킴, 후안이 고칠 수 있을 것 같대."

"엥? 뭐라고?"

"기다려봐~."

우선 후안은 카메라가 없고, 카메라 렌즈의 조인트가 부러져 새로 사는 것 말고는 방법이 없는데 무슨 수로 고치겠다는 건지. 혹시, 설마, 본드 칠이라도 하려는 건가? 조마조마했다. 내 표정을 읽었는지 파울리는 눈썹을 올리며 믿어보라는 표정을 보냈다.

아침밥 먹은 것을 정리하는 동안 후안은 카메라를 가지고 지하 작업실을 여러 번 오르내리더니 나사와 고무줄, 철사 같은 카메라

와는 전혀 상관없는 이상한 공구들을 가져왔다. 우선 본드가 아니라 다행이긴 한데, 여전히 못 미더워 연신 곁눈질로 동태를 살폈다. 렌즈를 나무판자에 대고 쓱쓱 본을 뜬 뒤 작업실에서 톱으로 잘라왔다. 구멍을 뚫어 고무줄을 끼우고 철사를 구부려 카메라 양 끝에 있던 고리에 걸었다. 삼각대 구멍에는 나사를 잘라 끼워놓고 고무줄을 적당한 길이로 잘라 모두 연결했다. 그리곤 스삭스삭, 매직으로 아프리카 느낌이 나는 디자인까지 하더니 우리 앞에 가져왔다.

"짠, 이름하여 Perfecto camera bra~."

파울리랑 둘이 웃음이 빵 터졌다. 후안이 자기가 내뱉은 말에 얼굴이 빨개져서였다. 이름은 웃기지만 카메라 브라는 엄청나게 근사

했다. 렌즈가 카메라에 튼튼하게 고정된 것은 기본이고 줌인아웃 기능이랑 수동초점이 돌아갈 때도 걸림이 없었다. 플래시까지 잘 터져서 원래 있는 카메라 악세사리라고 해도 손색없었다. 정말 마음에 들어 뒤편에 싸인도 받았다. 후안이 다시 카메라를 가져가더니 주크박스 같은 입으로 즉석에서 반주를 맞추면서 카메라 브라 CF도 찍었다.

이로써 오랜 친구 DSLR 카메라의 인생 제 2막이 시작되었다.

- Amor Valparaiso

눈을 비비고 일어나니 집안이 분주했다. 일어났냐며 인사하는 파울리의 표정이 밝지 않았다. 무슨 일이라도 생겼나 싶어 물으니 오늘과 내일 혼자 있을 내 걱정에 맘이 편치 않단다. 손사래 치며 걱정 말라고 해도 파울리의 표정은 풀릴 기미를 안보였다. 보조키와 안 쓰는 핸드폰, 유심까지 쥐어주고 이게 될지는 모르겠지만 무슨 일이라도 생기면 꼭 연락하라고 당부했다. 물가에 아이를 내놓은 엄마처럼 걱정하는 통에 그렇게 위험한 동네인가 싶어 걱정이 되려할 즈음 후안이 한마디를 던졌다.

"파울리, 킴은 여행자야. 혼자 벌써 3개월을 넘게 여행했고 우리가 두려워하는 곳들도 이미 다녀왔어. 어쩌면 우리보다 대처능력이 뛰어날지도 몰라. 안 그래?"

후안의 말에 내가 고개를 끄덕였다. 그제야 파울리의 표정이 밝아지고 기분 좋게 출근길에 나섰다. 집에서 조금 뒹굴대다 씻고 티토와 함께 나왔다. 현관을 나선 티토는 담 너머로 사라지고 나는 동네를 걸었다.

발파라이소는 파마나 운하가 뚫리기 전까지 남미에서 가장 바쁜 운하이자 칠레의 제 1항구였다고 한다. 지금은 어촌보다 예술촌이라는 표현이 더 어울린다. 이 마을은 산비탈을 따라 차곡차곡 쌓아 올린 집과 발코니에 걸어둔 화분과 빨래마저도 예술로 만드는 힘이 있다. 모양도 부채꼴이라 발파라이소라는 커다란 부채에 그림을 그린 듯하다. 그 힘은 담벼락이나 벽을 가득 메운 그래피티에서 나온다. 우리나라 벽화마을의 벽화와는 다른 분위기의 그래피티는 때로는 섬뜩하고 때로는 재미있는 표정을 가지고 있다. 줄줄이 이어진 벽마다 예술가의 감성, 꿈, 일상, 불만이 소리 없이 조잘거린다. 잠시 그 대화에 끼어들며 거닐다보면 시끄러운 여고생 무리가 된 기분이 든다. 계단도 좋은 도화지다. 층층이 다른 색을 칠하고 가끔씩 문구도 써두는데, 연인들이 사랑한다는 단어 위에 앉아 깨를 볶고 있었다. 지진으로 일부가 무너져 철골만 남은 폐건물도 플리마켓, DJ가 모여 특별한 공간이 된다.

그래피티 사이에 숨은 문 찾기도 꽤 신나는 일이다. 그림 안에 교묘하게 숨어 있는 문을 열면 다른 세계로 통할 것 같은 상상이 든다. 실상은 가게나 숙소, 카페, 가정집이겠지만 이 문을 열고 들어가 만나는 세상은 왠지 특별해 보인다. 큰 항구였던 흔적인 포르테뇰(선원)문화나 간단한 술과 함께 즐기는 재즈 연주, 토크쇼를 통하면 특

별한 세상을 만날지도 모르겠다.

가파른 비탈에서는 아센소르Ascensor가 이야기를 이어준다. 아센소르는 1890년대 즈음에 설치된, 경사가 높은 언덕들을 이어주는 엘리베이터 같은 기계다. 골목길이나 건물 안, 어쩌면 생뚱맞은 곳에 숨어 있는 아센소르는 금방이라도 떨어질듯 덜덜거리며 경사를 오르내린다. 나무로 된 부스에 사람들을 태우고 직원이 레버를 내리면 레일을 따라 위아래로 움직이는데, 도르래와 바퀴까지 훤히 보여 원초적인 매력이 있다. 바다가 보이는 아센소르를 타고 언덕을 오르면서 이곳에서 출근하고 노을을 보며 퇴근하는 낭만을 잠깐 동안 꿈꿨다.

파울리는 발파라이소를 '아이디어가 가득한' 동네라고 소개했다. 발파라이소가 언제부터, 그리고 어디서부터 예술적인 마을로 자리 잡았는지는 알 수 없다. 칠레사람들이 부끄럼이 많다는 파울리의 설명과 그들이 사는 집 그리고 그동안 보았던 칠레사람들의 활기차고 열정적인 모습들을 합쳐보면, 숨길 수 없는 열정을 예술로 승화 시키고 있는 건 아닐까 조심스럽게 예상해 본다.

하루 종일 돌아다니다 보니 어느새 동네가 어둑해졌다. 핸드폰에서 진동이 울리고 전화기 너머로 파울리의 목소리가 들렸다. 처음 지난 길을 따라 집으로 향하는데 바다 위의 배들이 다시 걸음을 멈추게 했다. 어선이 밝히는 바다 위와 하늘의 별들을 멍하니 보다가 다시 걸음을 옮겼다. 티토도 이제야 퇴근하는지 집 앞에 와 있었다. 파울리는 내가 해가 져도 오지 않아 많이 걱정했다며 어디를 그

렇게 다녔느냐고 물었다.

　나는 "Amor Valparaiso(발파라이소를 사랑하게 된 것 같아)"라는 말로 대답을 대신했다.

- 또 다시 이별

벌써 시간이 일주일이나 흘렀다. 매일 같은 길을 걷고 또 걸어도 질리지 않았다. 파울리와 나누는 이야기도 즐거웠고, 말은 통하지 않아도 후안이랑 노는 것도 재미있었다. 떠나는 날, 오늘 하루는 어떻게 보내고 싶냐 묻기에 너희처럼 보내고 싶다고 답했다.

　오전에는 후안이 일하는 카페에서 커피를 마셨다. 일을 하던 후안이 누군가를 데려와 소개해주었는데, 바로 내가 좋아하는 화가

로로 코이론Loro Coiron이었다! 발파라이소의 생활과 활기가 담긴 판화작품이 마음에 들어 엽서를 열 장이나 사고도 모자라 실크스크린 작품까지 산, 바로 그 화가가 내 눈앞에 있다니! 프랑스 출신이라는 그는 그림에 담은 섬세한 표현처럼 마르고 밝게 웃는 모습과 콧수염이 인상적인 신사였다. 시간나면 쓰려고 챙겨온 엽서를 당장 꺼내 조심스레 사인을 부탁했다. 그는 흔쾌히 사인을 해주고 사진까지 찍어주고는 쿨하게 자리를 떴다. 알고 보니 후안이 그가 온다는 소식을 듣고 나를 여기 데리고 온 듯했다. 정말 센스 있는 작별 선물이었다.

일이 끝난 후안과 자연사 박물관으로 자리를 옮겼다. 내가 지리를 전공한다고 해서 데려가고 싶었다고 했다. 스페인어만 하는 후안과 스페인어를 못하는 나지만 우리는 쿵짝이 잘 맞았다. 인공지능 기계처럼 거의 대부분의 소리를 입으로 표현하는 후안이 추임새로 설명하면, 나는 동물적인 감각으로 알아들었다. 공룡 전시실부터 숲 전시실까지 돌아다니며 대화하고 있으니 타임머신을 타고 원시시대에 온 것 같았다. 이 말을 후안에게 꼭 해주고 싶었는데 내 표현력으로는 무리여서 아쉬웠다.

점심이 되자 파울리가 돌아오고 이번에는 다시 후안이 일을 갔다. 파울리는 아침에 내가 한 말을 기억하고는 동네 사람들 사이에서 유명한 식당으로 안내했다. 간판도 없는 건물 안쪽, 허름한 계단을 오르니 신기하게도 사람이 북적이는 식당이 나왔다. 점심식사를 끝낸 회사원들이 줄줄이 자리에서 일어났다. 우리나라 택시기사님

들이 많이 찾는 백반 맛집 같은 분위기. 밥집답게 오늘의 메뉴와 특선 메뉴도 있었다. 이곳에 찾아온 동양인을 처음 보는지 식당 아주머니가 연신 나를 보며 웃었다. 파울리의 추천을 받아 샐러드와 카수엘라cazuela를 주문했다. 남미에서는 잘 보지 못한 맑은 국물의 고깃국이었는데, 사골국과 비슷해서 입맛에 딱 맞았다.

바다가 잘 보이는 카페로 자리를 옮겨 이야기를 이어갔다. 파울리에게 발파라이소에 머무는 동안 우리나라 대통령이 칠레에 순방와서 워킹홀리데이 협상을 체결하고 갔다는 얘기를 하니 빨리 스페인어 공부해서 돌아오라며 재촉했다. 스페인어가 어려우면 자신이 도와줄 테니 무엇이든 물어보라 했다. 아직 상세 협의는 안 되었다고 얘기해도 못 들은 척하며 재촉을 이어갔다. 나도 확정만 된다면 눌러앉고 싶은 마음이 굴뚝같았다(파울리는 2년이 지난 지금도 돌아오라는 말을 입에 달고 산다).

저녁에는 파울리와 후안의 친구들을 초대해 굿바이 파티를 했다. 우리가 좋아하는 음식과 칠레 전통음식으로 상을 차리고 와인도 곁들였다. 두 사람이 나를 페루에서 만난 한국인이라고 소개하자 친구들이 무슨 조합이냐며 웃어댔다. 친구들에게 '다영'이라고 내 소개를 했는데 소리 천재 후안 말고는 제대로 발음하는 사람이 아무도 없었다. 듣다 못해 파울리가 칠레 이름을 지어주자고 제안했다. 평소에도 '킴'이라고 부르는 게 신경 쓰이는 눈치던 그녀는 굉장히 적극적이었다. 여러 이름 후보가 나왔고 다영과 가장 발음이 비슷한 '다이안'이라는 새 이름이 생겼다. 역시 파울리 표정이 제일 만족스러웠다. 기타를 치고, 후안이 만든 악기를 두들기고, 노래를 부르며 분위기에 젖어들었다.

늦은 저녁이 돼서야 친구들을 보내고 나도 짐을 챙겨 터미널로 향했다. 후안, 파울리, 티토와 나 넷이서 오랫동안 꼬~옥 안았다.

"조심히, 즐겁게 여행하고 꼭 다시 보자, 다이안!"

떨어지지 않는 발길을 억지로 돌렸다.

마음을 두둑이 충전한 일주일이었다. 다시 그곳에 간다면 고향 같은 느낌이 들 것 같다. 학창시절 추억을 그리는 마음으로 내가 걸은 골목을 걷고, 동창생 같은 그들과 함께 밤늦도록 추억을 되새길 것이다. 앞으로의 여행이 차갑더라도 이곳에서 데워둔 마음만은 따뜻할 것이다.

푸콘: 무엇이든 이룰 수 있는

버킷리스트

…

☐ 활화산 옆에서 사진 찍기

…

내가 조금씩 어린아이 티를 벗어갈 무렵 아빠가 선물해주신 작고 빨간 책이 있다. 제목은 기억나지 않지만 그 책에서 처음으로 버킷리스트를 알았다. 작가는 꽤 자세하게 버킷리스트를 작성하는 방법과 자신이 이룬 것들을 소개했다. 그때부터 하고 싶은 일이 생기면 하나씩 적으며 버킷리스트를 늘려갔다. 그 안에는 가까운 시일에 이룰 수 있는 일도 있고, 큰 용기가 필요하거나 죽기 전에 이룰 수 있을까 싶은 일도 있다. 이루겠다는 큰 다짐도, 이룰 수 있을 거라는 기대도 없었지만 돌아보고 나니 이미 남미에서만 해도 꽤 많은 버킷리스트가 실현되어 있었다. 우선 '남미 여행하기'를 이뤘고, 스카이다이빙, 외국에서 생일 맞기, 한복 입고 우유니 거닐기 등 많은 목록에 줄이 그어졌다. 줄을 그을 때마다 여행이 즐거운 이유는 꿈꾸던 장면을 현실로 이루는 순간이 도미노처럼 계속해 이어지기 때문은 아닐까라는 생각이 들었다.

푸콘^{Pucon}에서 버킷리스트가 생각보다 신기하다는 걸 알게 되었다. 대학교 교양수업에서 버킷리스트 작성 시간이 있었는데, 그날은 왠지 특이한 게 쓰고 싶어서 농담반 진담반으로 '활화산 옆에서 사진 찍기'라고 썼다. 강사님과 눈이 마주치는 바람에 그 소망을 얼굴도 모르는 몇십 명 앞에서 크게 읽었고, 얼굴이 붉어졌던 기억이 난다. 그런데 신기하게도 정말 활화산 앞에 설 기회를 맞이했다.

발파라이소에서 새벽 버스를 타고 남쪽 푸콘에 도착했다. 짙게 깔린 안개와 축축한 공기. 그다지 좋은 날씨는 아니었다. 졸린 눈을 비비고 아침을 해결할 겸 근처를 두리번거리고 있는데, 저 멀리 우뚝 솟은 산이 하나 보였다. 아무생각 없이 밑에서부터 훑고 올라가던 시선의 끝에 평평하게 깎인 산꼭대기와 그곳에서 폴폴 올라오는 연기가 있었다. 활화산이다! 빠른 템포로 상승하는 심장 소리를 들으며 눈 맞은 강아지처럼 폴짝폴짝 뛰었다(아마 길가에 누가 있었으면 붙잡아 병원에 데려갔을지도 모른다). 그새 기분 나쁜 짙은 안개와 축축한 공기는 잊고, 산에서 올라오는 연기와 마을에 짙게 깔린 장작 냄새가 조화롭게 느껴졌다. 숙소에서도 기분 좋은 장작 냄새는 이어졌다.

푸콘은 비야리카^{Villarrica} 호수와 비야리카 화산을 비롯한 몇 개의 화산을 빼면 아무것도 없는 작은 휴양지 마을이다. 굳이 이동경로의 반대로 내려와 이 작은 마을에 온 이유는 트레킹 때문이다. 비야리카 화산 분화구까지 올라갔다가 썰매를 타고 내려오는 트레킹 후 보글보글 끓어오르는 온천에서 별을 보며 하루를 마무리하는 환상적인 코스가 있다는 소문을 들어 무조건 이곳으로 왔다.

짐을 풀고 나와 트레킹 방법을 알아보려고 여행사에 들렀다. 하지만 두 달 전 비야리카 화산이 터지면서 오렌지 경보(분화구 반경 5킬로미터 안 지역의 접근을 제한하고 화산의 분화 가능성 증가로 화산이 폭발할 가능성이 있음을 경고하는 단계)가 내려져 모든 트레킹이 중지되고 근처에도 갈 수 없는 상황이었다. 반대편의 다른 화산에 가도 분화구가 살짝 보이기는 하는데, 날이 좋지 않으면 그마저도 볼 수 없다고 했다. 그 외의 투어도 비수기라 모두 중단되어 있었다. 풀어 죽어 나오긴 했지만, 사실 이런 상황을 알고도 푸콘에 왔다. 남미는 정보가 느리기 때문에 혹시 바뀌었을지도 모른다는 기대 때문이었다. 그 기대가 무너졌다고 쉽게 포기하자니 괜히 지는 기분이 들었다. 그래서 숙소에 있던 재원 오빠를 꼬드겨 무작정 산 쪽으로 걷기 시작했다. 아직 산의 입구도 찾지 못했을 시점에 날씨가 흐려지더니 비가 내렸다. 비를 맞으면서 걸어 올라가면 갈수록 거세지는 비 때문에 급하게 히치하이킹을 해 노부부의 차를 얻어 타고 마을로 내려와야 했다.

그 뒤로도 이틀 내내 비가 왔다. 솟아오르는 불꽃이라도 보고 싶어 날씨가 맑아지길 기다리다 보니 이틀이 지나 있었다. 하루는 로컬 식당에서 밥을 먹고 마트를 들러 와인과 먹을거리를 사서 호스텔에서 빈둥거리며 보냈고, 나머지 하루는 근처 카페에 나가 선물 받은 책 『여행자』를 읽으며 보냈다. 그 사이 같이 아타카마 사막에 가기로 한 수민 언니가 도착해 셋이서 로컬 식당에 가서 밥을 먹고 마트에 들러 와인과 먹을거리를 사서 호스텔에서 빈둥거렸다.

더 이상 날이 좋아지길 기다릴 수 없었다. 다음날 출발하기로 마음을 먹으니 거짓말처럼 날이 갰다. 낮에는 동네 구경을 하고 오후 다섯 시부터 호숫가에 앉아 하염없이 분화구를 바라보았다. 잠도 자고, 노래도 듣고, 수다도 떠는 사이 하늘은 어둑해지고 분화구에서 붉은 기운이 올라오는 것이 보이기 시작했다. 주변이 어두워질수록 화산은 주홍빛, 붉은빛의 불꽃을 톡톡 튀겨냈다.

'더, 더!'

나도 모르게 속으로 더 솟아오르라는 주문을 걸고 있었다. 금방이라도 용암이 찔끔 흘러내릴 것 같았지만 끝끝내 흐르지는 않았다. 대신 여행을 다시 시작하면서 활화산을 보려고 몇 시간을 달린 때가 생각나 눈물이 찔끔 돌았다. 고작 이것밖에 못 봐서가 아니라, 이것만으로도 충분히 행복해서였다.

누군가 푸콘에 아무것도 볼 것이 없다며 굳이 가야하느냐고 묻기도 했지만, 역시 여행은 스스로 만들어 나가는 것이다. 푸콘에 온 덕분에 말도 안 되는 일인 줄만 알았던 버킷리스트를 절반이라도 이루었고, 이로써 그동안 적어온 꿈 목록이 허황되지 않았음을 확인했다. 게다가 나이를 한 살씩 먹으면서 줄어들기만 하던 용기와 이상에 대한 열망도 다시 제자리를 찾아갔다(푸콘에 다시 올 이유가 생겼다는 것도 은근히 좋았다). 이제부터 버킷리스트를 적을 때는 푸콘을 떠올리며 더 거침없고 과감한 꿈을 꾸어야겠다.

푸콘에 오길 잘했다!

여행을 다시 시작하면서 활화산을 보려고 몇 시간을 달린 때가
생각나 눈물이 찔끔 돌았다.
고작 이것밖에 못 봐서가 아니라,
이것만으로도 충분히 행복해서였다.

아타카마 사막으로

빙하, 파타고니아, 화산, 바다, 도시 그리고 사막. 변화무쌍하고 다
채로운 칠레는 말 그대로 살아 있는 지리 교과서다. 아쉽게도 물가
가 비싸도 너무 비싼 칠레. 일주일은 파울리와 후안네 집에서 지내
며 절약을 했지만 푸콘에서의 기다림으로 도루묵이 됐다. 게다가
슬슬 다가오는 귀국일에 맞춰 브라질로 가야 한다는 생각에 최대한
빨리 칠레를 빠져나와 다시 아르헨티나 살타 쪽으로 넘어가기로 결
정했다. 운 좋게도 그토록 좋아하는 살타에 다시 발을 디딘 만큼 기
회를 놓치고 싶지 않았다. 후지민박의 손님으로 친해진 후 종종 연

락하던 태규 오빠와 진형 오빠에게 아르헨티나의 살타가 그렇게 좋다며 입이 닳도록 극찬하는 동시에 렌터카 여행 미끼를 던져 댔더니 마음이 흔들리는 눈치였다. 알겠다는 신호와 함께 재빠르게 인터넷 카페에 동행을 구한다는 글을 올려 일행 둘을 더 구했다. 그렇게 순식간에 오빠 둘, 나, 유경 언니, 수민 언니로 구성된 살타 원정대가 결성됐다. 다행히 모두 칠레를 여행 중이어서 북쪽에 있던 오빠들과 남쪽에 있는 나머지가 중간 지점인 산페드로 아타카마Sanpedro Atacama에서 결집하기로 했다.

언니들과 수도 산티아고에서 모여 아타카마로 향했다. 산티아고에서 멀어질수록 점차 빌딩숲은 낮아지고 나무와 농경지마저 사그라지더니 땅이 메말라갔다. 황량한 벌판, '툭'하고 발을 굴리면 흩날릴 것 같은 모래, 코 깊숙한 곳까지 파고드는 먼지와 점막을 판판히 말려버리는 건조함이 사막의 시작을 알렸다. 도착한 터미널은 후─욱하고 불면 쓰러질 것 같이 생긴 흙덩이 건물이었다. 먼저 와 있던 오빠들의 안내를 받아 마을로 걸어가는 길 내내 먼지가 폴폴 올라왔다. 흙담 길을 따라 도착한 숙소도 짚과 흙을 반죽해 만든 건물이었다.

아타카마Atacama 사막은 '세상에서 가장 건조한'이라는 타이틀을 가지고 있다. 그만큼 비가 오지 않아 이렇게 흙집을 짓고 살아도 무너질 위험이 적다. 습도도 10퍼센트 안팎이라 하늘에는 구름 한 점 없고, 해가 비치는 곳과 그렇지 않은 곳의 온도 차이가 크다. 해가 비치는 곳은 뜨겁거나 따뜻했지만 한낮에도 숙소 안은 닭살이 올라올 정도로 한기가 심했다. 게다가 일교차도 커서 패딩을 필수로 입고 자야 했다. 의외인 점은 마을이 오아시스에 위치해서인지 생각보다 물을 쓸 때 불편함이 없었다는 것이다. 길을 따라 놓인 수로에는 항상 물이 흐르고 있고, 뜨거운 물도 펑펑 잘 나왔다. 숙소에서 '이곳은 가장 건조한 곳임을 잊지 말아주세요. 샤워는 5분만!'이라는 글귀를 보고나서야 '아, 사막이었지' 싶었다.

다섯이 모이니 금세 왁자지껄해졌다. 모든 사람을 만나본 내가 중개인 입장이 된 것도 잠시, 다들 원래 알고 지내던 사이처럼 친해졌다. 하루 전에 온 오빠들의 수고 덕분에 이곳에서의 일정도 바로 정할 수 있었다. 살타 원정대의 시작이 순조롭다.

– 지구별 달 여행

달의 계곡을 볼 수 있다고? 사막투어면 낙타를 타고 돌아다녀야 하는 거 아니야?

'사막'. 사정없이 휘날리는 모래와 산만큼 높은 사구, 이글거리는 땅과 피어나는 신기루 그리고 낙타를 타고 모래를 거니는 모습이 먼저 떠오르는 곳이다. 세계에서 가장 건조한 아타카마 사막도 당연히 같은 모습일 것이라고 생각했다. 그런데 달을 볼 수 있다? 머릿속에 그려지는 달은 척박하긴 해도 사막과는 거리가 멀었다.

결론부터 말하자면 아타카마 사막에는 낙타가 없다(남미 전역에는 낙타가 없다. 대신 고산에 적응한 낙타과의 야마와 알파카 등이 살고 있다).

줄지어 선 모래언덕도 없다. 사막은 조각품이 끝없이 펼쳐진 곳이었다. 투어차량을 타고 달의 계곡 국립공원에 입장하면서부터 고개가 갸우뚱 기울었다. 사구는 온데간데없고 황량하고 척박한 땅만이 좌우로 펼쳐졌다.

모래가 바람을 만나면 수묵화 같은 사막이 되지만 물을 만나면 세밀화가 된다. 과거 해저에 있던 지역이 융기한 뒤 400년 동안 물 한 방울 내리지 않은 곳도 있으니, 400년 전에 만들어진 지형을 고스란히 볼 수 있다. 달의 계곡이라는 이름도 물이 흐른 흔적과 건조한 기후, 바람이 만든 지형이 달을 닮아 붙였다고 한다.

소금계곡에 내려 머리에 랜턴을 하나씩 매달고 과거에 물이 흘렀던 계곡을 따라 걸었다. 물이 마르면서 남은 소금이 눈처럼 소복이 쌓이기도 하고, 뇌처럼 고불고불 꼬이기도 하고, 수정처럼 투명한 결정으로 남아 있기도 했다. 가이드를 따라 어두운 동굴 속으로 들어가니 불 없이는 한치 앞도 보이지 않았다. 서로를 의지하면서 손으로 바닥을 잘 짚고 허리랑 머리를 숙이고 다리를 쭉 뻗어 좁고 굽이진 계곡을 통과했다. 능선 위에 올라가 바라보는 계곡은 좁고 고요하기만 했다. 치열한 속사정을 알 수 없는 사람 마음 같았다.

아타카마 사막은 나사의 우주 실험소로도 역할을 다한다는 보충 설명과 함께 쉴 틈 없이 다음 장소로 이동했다. 나무 한 그루, 풀 한 포기, 그 흔한 새 한 마리도 보이지 않고 모래와 하늘만이 자리를 지키는 길을 걸었다. 죽음의 계곡. 이름마저 척박한 다음 장소는 고운 모래언덕과 모진 풍파를 맞은 지형과 해저에서 층층이 쌓여 있다 융기되며 모습을 드러낸 지층이 공존했다. 고운 모래 사구는 아무도 밟지 않은 눈길처럼 한 발씩 내딛고 싶은 충동을 일으키고, 달을 닮은 모습은 이곳이 푸른 별 지구가 맞나 의심케 했다.

해가 뉘엿뉘엿 지기 시작하니 가이드의 마음이 급해지는 것이 보였다. 연신 초조해하는 모습을 보니 더 이곳에 앉아 전경을 바라볼 수 없었다. 달리듯 걸어 차를 타고 언덕을 따라 하이라이트라고 하는 코요테 전망대에 올랐다. 전망대는 이미 와 있는 여행객들 때문에 시장이 따로 없었다.

해가 질수록 달의 계곡은 더욱 더 아름다움을 뽐냈다. 해가 땅을 붉히고, 사막의 선과 굴곡이 진하고 깊어졌다. 생명이 없는 곳도 이렇게 아름다울 수 있다는 사실이 놀라울 따름이었다.

해가 넘어가자마자 가이드는 돌아가야 한다고 재촉했다. 돌아오는 길 내내 불만이 가득했다. 달의 계곡을 온전히 보기에 투어는 너무나 큰 제약이었다. 천천히 바라보고, 느끼고, 생각하고, 눈에 담을 시간 따위는 허락되지 않았다. 수학여행처럼 명소 빨리 찍기를 할 뿐이었다. 함께 투어를 하는 일행도 그다지 행복해 보이지 않았다. 와닿을 쯤 멀어져버린 사막을 다시 붙잡고 싶었다.

해가 질수록 달의 계곡은 더욱 더 아름다움을 뽐냈다.

해가 땅을 붉히고, 사막의 선과 굴곡이 진하고 깊어졌다.

– 사막을 달리다: 세하르 호수 Laguna Cejar

달의 계곡에서 투어에 질려갈 무렵 자전거를 타고 사막을 달리는 사람들을 보았다. 시간에 맞춰 이동하고 머무는 투어와 달리 자유롭게 사막을 즐기는 그들이 부러웠던 우리는 이견이랄 것 없이 다음날 바로 자전거를 빌렸다. 목적지는 세하르 호수. 마을에서 20킬로미터 정도 떨어진 곳에 위치한 염호다.

지도를 꼼꼼히 확인하고 유유히 마을을 빠져나왔다. 하늘은 구름 한 점 없이 맑고, 해는 강렬하게 내리쬤지만 달리면서 맞는 바람은 시원했다. 양쪽으로 넓게 펼쳐진 평지 그리고 그 끝에 맞닿은 산 위에는 만년설이 내려 있었다. 사막과 2000미터를 넘는 고도가 만드는 걸작이었다. 금방 가까워질 줄 알았던 산은 다가가면 갈수록 멀어지고, 끝날 것 같던 길도 끊임없이 이어졌다. 이렇게 사막에서는 거리감을 쉽게 잃곤 한다. 길 한가운데는 우리밖에 없었다. 아주 가끔 잎을 축 늘어뜨린 나무가 보일 때면 사자나 기린, 코끼리가 튀어나오는 상상을 하면서 속도를 높였다. 실상은 자전거에 튀기는 모래 소리와 살갗을 스치는 바람 소리만 들릴 뿐 고요한데 말이다. 비포장도로의 울퉁불퉁한 돌 때문에 엉덩이를 비롯한 모든 장기가 덜덜 떨리는 것을 느끼며 달의 계곡에서 그토록 부러워하던 자유로움을 한껏 만끽했다.

서로 속도와 호흡을 맞춰가며 자전거를 타다가 일행들 몰래 안도의 한숨을 내쉬었다. 사실 그간 마음 한편이 불편했다. 아니, 불편했다기보다는 걱정과 부담이 컸다. 살타에서 렌터카 여행을 제안한 것도, 사람을 모은 것도 나였기에 혹여나 성격이나 여행 스타일이 잘 맞지 않거나 싸우면 어쩌지라는 걱정이 한가득이었다. 그런데 이렇게 함께 달리면서 보니 한없이 즐겁고 든든할 뿐만 아니라 말하지 않아도 서로를 배려하고 있었다. 이런 모습이 걱정이라는 짐을 완전히 녹였고, 그래서 나온 안도의 한숨이었다.

타이밍 좋게 누군가 빠른 비트의 신나는 노래를 틀었다. 신나는 마음을 페달에 힘껏 전했다. 영화 〈사운드 오브 뮤직〉에서 '도레미 송'을 부를 때 나오는 자전거 장면처럼 엎치락뒤치락하며 앞장서는 사이 어느새 호수에 도착했다.

매표소에서 입장료를 내니 워터파크처럼 팔목에 입장 팔찌를 매주었다. 염도가 다른 세 개의 호수를 볼 수 있다던데 이날은 전망대한 곳과 세하르 호수만 개방돼 있었다. 이른 시간이라 호수에는 우리뿐이었다. 영화관에 갔는데 나 빼고 아무도 없어 상영관 하나를 대관한 듯 신났다. 그런데 막상 호수에 뛰어들자니 물의 색이 섬뜩할 정도로 새까맸다. 발이 닿지 않을 깊이인 게 분명했다. 주춤거리고 있는 사이 먼저 옷을 갈아입은 태규 오빠와 유경 언니가 뛰어들 준비를 마쳤다.

"하나! 둘! 셋! 풍덩!"

소리를 지르며 뛰어든 동시에 둥실 뜬 둘은 신난 표정도 잠시, 엄청나게 짠 물에 된통 당해 물 밖으로 뛰쳐나왔다. 생각해보면 낮은 곳에서부터 차근히 들어가면 될 일인데 여행은 항상 극한 재미를 향하게 만들곤 한다. 둘의 희생 덕분에 나는 눈, 코, 입까지 딱 막고 달려와 뛰어 내렸다.

염도 36퍼센트의 힘은 대단했다. 체감상으론 꽤 깊이 빠진 것 같은데 순식간에 수면으로 붕 떠올랐다. 물속에 억지로 넣은 풍선처럼 의지와는 상관없이 몸이 위로 떠오르려 했다. 누우면 눕는 대로 똑바로 서면 서는 대로 수면에서 둥둥 떠다닐 수 있다는 게 신기해 일자로 선 채로 물속을 걸어 다녔다. 스카이다이빙할 때 하늘을 걷던 그 느낌이 되살아났다. 책 가져오는 걸 깜빡하는 바람에 물 위에 누워서 책 읽는 퍼포먼스가 빠져 아쉽긴 했지만 다 같이 둥둥 뜨는 소금쟁이 놀이만으로도 충분히 즐거웠다. 마음 같아서는 물장구도 치고 놀고 싶지만 그랬다간 삽시간에 줄행랑을 칠지도 모를 일이었다. 정신없이 놀다보니 입술이 쪼그라들고 상처들과 피부의 구멍마다 짠기가 스며들어 따가움이 증폭되어 갔다. 때마침 몰려온 투어 여행객을 피해 함께 물 밖으로 나왔다. 온몸 구석구석과 물이 잠깐 묻은 가방에 하얗게~ 하얗게~ 소금 꽃이 피어올랐다.

다시 마을로 돌아오는 길에는 짙게 석양이 졌다. 전날과는 확연히 다른 하루였다. 정해지지 않은 시간에 일어나 사막을 활보하고 사람들이 없는 편안한 공간에서 마음껏 수영하다 뉘엿뉘엿 저물어 가는 해를 함께 바라본, 말 그대로 자유로운 하루. 매일이 이날 같으면 좋겠다고 생각했다.

아타카마 인근에는 사막지형만 있는 것이 아니다. 크고 작은 지진 활동이 일어나고, 화산지대도 분포해 있다. 화산이 지속적으로 활동하므로 해발 4000미터가 넘는 곳에서는 물과 수증기가 솟아오르는 간헐천을 볼 수 있다.

새벽 네 시. 옷을 단단히 챙겨 입고 졸린 눈으로 차에 올랐다. 자느라 얼마나 달렸는지도 모른 채 한 공원에 내렸다. 하늘이 검은 티를 벗은 걸 보니 적어도 두 시간은 온 듯 했다. 현재 기온은 영하 10도, 고도계는 해발 4300미터를 가리키고 있었다. 벌벌 떨며 차에서 내리니 이미 주변에서 몇몇이 고산증 때문에 자체적으로 간헐천을 만들고 있었다.

공원에 들어서기 전부터 여기저기서 흐르는 연기가 보였다. 유황 냄새로 추정되는 희한한 냄새를 풍기는 구멍 주변으로 둥글게 모여 섰다. 게 구멍 같이 작은 구멍에서 퐁퐁퐁 튀던 물방울이 점점 거세지더니 이윽고 콰악! 내 키만큼 물기둥이 치솟았다. "호우~." 물기둥이 올라올 때마다 다 같이 환호성을 보냈다. 나오는 타이밍을 익힐 때쯤에는 3,2,1 카운트다운도 맞추어 콰악! 칠레가 살아 있는 땅이라는 사실을 이렇게 또 한 번 확인하며 중력을 거슬러 오르는 물과 연기를 감상했다. 어떤 사람은 "아이슬란드만 못하네"라며 뒤돌아가기도 했는데, 간헐천을 처음 보는 나는 돌아가는 어깨를 붙잡고 "지금, 이, 해발 4000미터가 넘는 곳에서, 솟아오르는 물 본 적 있

어요?"라고 반문하고 싶은 마음을 겨우 눌렀다.

　따뜻해 보이는 풍경과 달리 해가 완전히 뜨기 직전까지 계속 떨어지는 온도 때문에 너무 추웠다. 흐르는 물이 신발에 닿지 않게 피해가며 걷고 있으니 가이드가 다가와 오히려 물 주변으로 나를 데려갔다. 장난치자는 줄 알고 도망치려니 "여기가 훨씬 따뜻할 거야"라며 말을 건넸다. 신기하게도 정말 따뜻한 온천물에 몸이 녹아내리는 느낌이 들었다. 우리가 구경하는 동안 가이드는 뜨거운 커피와 빵을 준비했다. 금세 식어버릴 테지만 추위와 싸우던 터라 단비 같았다. 사람들이 우르르 몰려 커피를 나누고 이미 딱딱해진 치즈와 식빵을 조금씩 녹여가며 먹었다. 어릴 때 본 만화영화 <월레스와

그로밋> 에피소드 중 월레스가 로켓을 타고 달나라로 피크닉을 떠나는 이야기가 있다. 나이프로 달을 스윽 잘라 비스킷에 올려먹는 것을 보면서 달 치즈는 무슨 맛일까 몹시 궁금했는데 현실 달 치즈는 이런 느낌이겠구나 싶었다.

몸이 좀 녹아서일까? 아니면 간헐천에서 올라오는 성분에 환각제가 든 걸까. 태규 오빠가 사진을 찍어달라더니 갑자기 겉옷을 벗었다. 이 추위에 반팔과 반바지 차림이라니. 열정 넘치는 오빠를 보며 웃느라 다들 잔뜩 움츠린 어깨를 풀 수 있었다.

해가 뜨면서 연기가 자취를 감춰갈 즈음 차를 타고 노천온천으로 이동했다. 노천탕에는 이미 몇몇 사람들이 몸을 담그고 있었다. 이곳은 워낙 고산이라 물의 끓는점이 90도가 안 되고, 올라온 물도 바로 식어 달걀을 삶을 수 있을 정도로 뜨거워지지 않는다. 아직 남아 있는 추위에 고민하는 사이 아까 겉옷을 홀라당 벗은 태규 오빠가 생각났다. 30분 안에 다녀오라는 가이드의 재촉도 한몫 했다.

'에이. 그래, 해보자.'

탈의실에서 옷을 벗고 안에 입고 온 수영복만을 남긴 채 밖으로 나왔다. 구멍이란 구멍 모두에서 닭살이 올라왔다. 망설일 시간이 없다.

'풍덩'

물은 생각보다 차가웠다. 잔뜩 기대하고 목욕탕 온탕에 들어갔다가 물이 너무 미지근해서 당장 열탕으로 옮기고 싶은 그런 기분이었다. 그래도 짜릿했다. 보글보글거리는 진동 때문에 가스레인지 위에 올려둔 냄비 안에 들어간 느낌이었다. '물이 솟는 곳은 분명 따뜻할 거야.' 모든 감각을 발끝에 끌어 모아 뜨거운 물을 찾아 움직였다. 드디어 따뜻한 물을 찾았다. 그런데 이번엔 땅이 너무 뜨거워 발을 데고 서 있을 수 없었다. 춥긴 한데 바닥은 뜨겁고 결국 발재간을 놀려 얼굴만 동동 띄웠다. 나뿐만 아니라 모든 사람들이 오리처럼 얼굴만 띄우고 두리번거렸다. 표정은 평온하지만 아마 다들 물 아래서 부단히 노력 중일 테다. 물에서 뛰쳐나오니 몸에서 연기가 폴폴 올라왔다. 짧은 시간이었지만 오랜만에 머리가 아닌 몸이 시키는 일을 하고 나니 중력을 거스르는 간헐천처럼 들뜨고 짜릿했다.

– 사막의 별

아타카마의 밤. 동네에서 불과 15분 남짓 떨어진 공터. 주변은 칠흑 같은 어둠과 우리 차의 헤드라이트뿐이었다. 헤드라이트가 꺼지는 순간, 사막의 모래들이 하늘로 옮겨갔다. 반짝이는 하늘의 모래, 아니 별들. 아름답다는 말마저 감당하기 버거울 하늘이다.

별을 정말 좋아하지만 정작 친한 건 보름달이다. 달의 시샘 때문인지 몇 년 전 몽골을 갔을 때에도 우유니 소금사막에서도 파타고니아에서도 '쏟아질 듯한 별'을 본 적이 없었다. 하지만 오늘만큼은 보름달도 별에게 하늘을 양보한 밤. 양손을 구부려 눈 옆에 대고 나와 별, 둘만의 공간을 만들었다. 어디가 어둠이고 어디가 별인지 구분이 안 될 정도로 빼곡히 박힌 별이 쉼 없이 반짝이며 소곤거렸다.

그대로 쓸어 담아 가방에 넣고 두고두고 간직하고 싶었다.

망원경을 조립하던 가이드가 이야기를 시작했다. 나는 자연스럽게 북극성과 북두칠성을 찾다가 무릎을 쳤다. '아, 이곳은 남반구지.' 남반구에서는 스페인어로 cruz del sur, 한국어로는 남십자성이라는 이름을 가진 십자가 모양의 별자리가 북두칠성의 역할을 한다. 미리 휴대폰에 깔아둔 스카이 맵sky map이라는 어플을 켜 남십자성부터 시작해 처음 만나는 별자리를 손으로 따라 이으면서 낯선 하늘을 익혔다. 망원경으로 목성과 성운을 가까이 보는 것도 좋지만 이렇게 눈으로 담는 하늘이 더 영롱했다. 종종 떨어지는 별똥별에 "어", "우와", "저기" 하며 재빨리 소원도 빌었다. 가이드의 설명이 이어지는 동안 바닥에 철퍼덕 누웠다. 돔 안에 들어온 듯 둥근 하늘이 우리를 둘러쌌다.

"결혼하면 아내랑 함께 또 와야겠어."

"좋다"라는 말로는 부족한 이 기분을 표현하기 적절한 일행의 소감이었다. 어느새 설명을 끝낸 가이드가 달달한 피스코 사워를 건넸다. 술에 별을 곁들이니 낭만은 배가 되었다.

"샬롯!"

낭만에 취한 기분을 이어가고 싶어서 동네로 돌아오자마자 라이브 바로 직행했다. 원래는 마지막 날 가기로 한 곳이지만 이대로 숙소로 돌아갈 수는 없었다. 흥겨운 남미 음악에 달달하고 쌉싸름한 베리 모히토를 마시며 여운을 더욱 더 짙게 적셨다. 이토록 완벽한 밤. 행복이라는 말이 절로 나오는 밤이다.

7. 아르헨티나 렌터카 여행

렌터카 여행

살타를 떠난 후 한동안 살타 앓이를 했다. 마을의 평화로움과 버스를 타고 지나오면서 보았던 교외의 장관들이 머릿속에 진하게 남았다. 언젠가 다시 오면 반드시 렌터카 여행을 하리라 다짐했었는데 운 좋게도 여정이 다시 살타로 흘렀다.

　남미에서 유일하게 두 번 여행하는 도시가 살타라는 건 지금이 바로 생각을 실행해야 할 때라는 신호였다. 운전을 못하는 건 문제가 되지 않았다. 내가 못하면 할 수 있는 사람과 함께하면 된다. 타이밍 좋게 후지에서 만난 태규 오빠와 진형 오빠가 비슷한 여정에 있었고 운전도 할 수 있었다. 비용도 생각해서 남미 여행자 커뮤니티에서 동행 두 명을 구하는 일도 어렵지 않았다. 그렇게 순식간에 살타 렌터카 여행이 확정됐고, 아타카마에서부터 함께한 우리 일행은 성격도 찰떡처럼 잘 맞았다. 서로를 든든하게 생각해서인지 남미에서 차를 빌린다는 것에 대한 두려움도 사라졌다.

다 같이 살타 시내를 돌아다니며 여행사를 알아봤다. 90퍼센트 이상이 수동 차량으로만 대여가 가능하고 자동과는 가격이 천지차이였다. 오빠들 중에 수동 운전이 가능한 건 진형 오빠뿐. 운전을 못하는 우리에게는 결정권이 없기에 숨죽여 오빠의 선택을 기다렸다. 고맙게도 진형 오빠가 운전을 도맡아 주기로 했다.

다음 날 아침. 최소한의 짐만 챙겨 살타에서 출발해 카치Cachi, 까파야떼, 후후이Jujuy, 푸르마마르카Purmamarca, 우마우아카Humahuaca를 찍고 다시 살타로 돌아오는 6일간의 여정이 시작되었다.

– 1일차: 출발

"해 지기 전에 카치에 도착하려면 서두르자."

한국과 달리 해가 지면 치안을 보장받을 수 없기에 일찍이 다음 마을에 도착하는 것을 규칙으로 삼았다. 그런데 렌터카 회사의 영업시간 때문에 출발이 늦어진데다, 익숙하지 않은 일방통행 도로체계에 점심시간까지 겹쳐 시내를 빠져나오는 데만도 한참이 걸렸다.

교차로에서 대충 점심을 때우고 본격적인 산길로 접어들었다. 치코아나Chicoana 강을 따라 이어지는 ruta33(33번 도로)은 경사진 비포장 흙길이 이어지는 곳이라 긴장을 늦출 수 없었다. 온몸이 뒤로 젖혀지고 손에 땀을 쥐는 경험을 몇 번 하는 사이 고도는 높아지고 강은 냇물이 되었다. 나무도 줄어들고 대신 그 자리에는 성인 남성보다 크고 굵기도 몸통 반만 한 선인장들이 자리를 잡았다. 길은 계속해서 산 위로 이어져 간식으로 챙겨온 감자칩 봉투가 어느새 빵빵하게 부풀었다. 계속해서 혼자 운전을 하느라 고생을 한 진형 오빠를 위해 고개를 거의 다 올라왔을 즈음 휴식을 가졌다. 운전을 못하는 사람이라 알 수 없는 피로감이지만 한껏 수척해진 얼굴과 깊게 빨아들이는 담배연기가 오빠의 고됨을 말해주고 있었다. 허리를 돌리며 몸을 풀다가 반대편 산이 바라보이는 방향에서 시선이 멈췄다. 미처 오르지 못한 구름들이 산에 부딪쳐 뭉치면서 바다를 이루고 있었다. 재빨리 고도계를 확인해보니 해발 3400미터. ruta33은 우리를 구름 위까지 인도한 것이다. 이 높은 곳까지 혼자 운전했으니 피로에 고산병에 힘들만도 한데 묵묵히 운전해주는 오빠가 고마웠다.

　구름에 감탄하는 사이 해가 벌써 하늘 중턱까지 내려와 있었다. 60킬로미터 정도만 더 가면 되지만 앞으로의 길 상태도 모르고 해가 지면 밤이 금방 찾아오기에 출발을 재촉해야 했다.

　고개를 넘고 나니 숨어 있던 평야가 펼쳐졌다. 사람의 흔적이라곤 도로 뿐. 비쿠냐(안데스 3500미터 고지대에 사는 알파카보다 작은 체구를 가진 야생동물)를 조심하라는 표지판이 이 땅의 주인을 알려주었다. 먼지를 폴폴 흩날리며 넘은 다음 고개는 그나마 물의 축복을 받았다. 수 갈래의 물길과 물을 따라 자라난 선인장이 계곡 전체에 북적였다. 가장 큰 물줄기를 따라 위치한 국립공원에서 다시 차를 세웠다. 해가 이미 넘어가고 있어 걱정됐지만 볼 건 보자는 심정이었다. 정원처럼 꾸며진 공원에 저마다의 포즈로 서 있는 선인장이 하나의 전시장을 이루었다. 서로 사랑한 신이 반대하는 아버지에게서 도망치다 선인장이 되었다는 전설을 가진 선인장도 있었다.

사진을 찍는 사이 예상대로 밤은 빠르게 찾아왔다. 20분도 채 안되는 시간에 달이 떠오르고 어둠이 번졌다. 여명마저 사라지고 가로등도 하나 없는 길을 전조등에 의지하며 달렸다. 그래도 다행히 잘 닦인 큰 길 덕에 무사히 카치에 도착할 수 있었다.

- 2일차: 오프로드

새벽에 일어나 간밤에 사둔 재료로 점심용 샌드위치를 싸고, 어제의 실수를 발판 삼아 아침 일찍 길을 나섰다. 오늘은 ruta40을 따라 와인의 고장 까파야떼로 향하는 날이다. 아쉽지만 카치 구경은 지난밤에 산책하며 본 것으로 만족하기로 했다. 양조장 영업시간에 맞게 도착하려면 어쩔 수 없었다. 시음도 하고 저렴한 와인도 살 생각에 모두가 들떴다.

ruta40은 남미대륙의 남쪽 끝에서 볼리비아와의 국경까지 안데스를 따라 아르헨티나를 남북으로 이어주는 큰 맥이자 체 게바라가 오토바이로 여행하면서 유명해진 도로이기도 하다. 유명한 길이니

만큼 잘 닦여 있겠다는 믿음은 곧 무너졌다. 카치에서 출발한 차는 엉덩이를 골고루 자극하는 흙길을 달렸다. 그 길은 계속해서 이어졌다. 옆으로 보이는 농가나 풍경을 구경할 정신도 없이 이리저리 흔들렸다. 큰 강을 따라 이어지던 오프로드가 끝나고 강과 멀어지면서 농가와 밭들도 함께 사라졌다. 대신 흙먼지가 흩날리는 길이 시작됐다.

먼지더미 사이로 장엄한 안데스의 속살이 드러났다. 불안정한 판의 경계에서 솟아오른 안데스 산맥이 형성된 이후로도 서서히 움직인 증거였다. 순식간에 풍경에 압도당한 우리는 차에서 내려 연신 셔터를 눌렀다. 대규모의 지층은 45도 넘게 기울었는데, 기울어진

지 몇 시간 되지 않은 듯 생동감 넘쳤다. 완전히 90도로 서버린 지층 사이로 난 길에는 비가 내렸을 때 흘러들었을 크고 작은 둥근 자갈이 가득했다. 엉덩이의 자극이 한층 더 강해지고 차도 자꾸 미끄러졌다. 특히 길 위에 자리 잡은 큰 돌을 피할 때면 몸이 차에서 튕겨나갈 듯 기울었다. 만약 체 게바라가 오토바이를 타고 이 길도 지나왔다면 몇십 킬로미터는 손수 끌고 다녔겠다는 생각이 절로 들었다. 다행히 길은 차차 안정을 되찾았고 정비도 잘 되어 있었다. 큰 별장 하나를 지나자 양옆으로 포도밭이 펼쳐졌다. 익숙한 동네.

"드디어 까파야떼 도착이다!"

다들 와인에 대한 기대가 피로로 바뀐 지 오래인지라 가까운 양조장 중 하나를 골라 들어가 간단하게 시음하고 전시장 구경만 하고 나왔다. 대신 관광안내소에서 소개해준 치즈공장으로 자리를 옮겨 치즈와 화이트와인 하나를 주문해 노곤한 몸을 풀었다. 알싸하게 목을 타고 드는 와인과 오늘도 저물어가는 해가 잘 어울렸다. 숙소에 짐을 풀고 남은 힘을 짜내 동네를 거닐었다. 일찌감치 도착해 자전거를 타고 와이너리 투어를 하려던 계획은 무산됐지만 슬슬 동네를 걸으며 아이스크림을 먹고 이야기 나누는 소박함도 나쁘지 않다는 데 모두가 동의했다. 그러곤 어떻게 될지 모르는 내일을 위해 일찍 잠자리에 들었다.

오늘의 여정을 생각하니 일어나는 순간부터 엔돌핀이 솟구쳤다. 까파야떼에서 북쪽으로 이동해 살타를 거쳐 후후이까지 가는 길인데, 까파야떼에서 살타까지의 구간이 바로 렌터카 여행을 시작하게 만든 길이기에 신이 날 수밖에 없었다.

조식이 있는 호스텔을 선택한 덕에 든든하게 아침을 챙겨먹었다. 양해를 구해 점심용 샌드위치도 해결했다. 식당이 어디에 있을지 모르는 식당과 렌터카 여행을 하면서 드는 비용을 절감하려고 아침마다 점심용 샌드위치를 쌌다. 그것도 3일쯤 되니 질려서 입가심용 핫소스를 한통 구입했다.

까파야떼 포도밭을 빠져 나오면서부터 가이드를 자처했다. 다른 건 몰라도 한 번 지나온 길은 잘 잊지 않는 덕에 지난번 여정에서의 주요 장소를 기억하고 있기 때문이었다. 짙붉은 황토층 대지가 모습을 드러내자 역시나 다들 감탄을 연발했다. 내 입가엔 뿌듯한 미소가 번졌다. 기분이 좋아지자 다들 숨어 있던 똘기를 내보이기 시작했다. 차가 없는 길가에 엎드려 천지창조의 한 장면을 따라하고 타이타닉 바위 앞에서 손을 뒤로 꼬아 1인 2역 커플포즈도 했다. 전망대에서는 한 다리를 높게 드는 피겨 자세를 따라하는 일행도 있었다.

이 길에서 가장 좋아하는 곳, 엘 안피테아트로El anfiteatro에 들어섰다. 왁자지껄하던 우리뿐만 아니라 주변 관광객들도 일제히 조용해졌다. 지난번엔 한 명이던 아티스트가 세 명으로 늘어나 있었다. 사람들이 들어오자 내가 유일하게 아는 남미노래인 <Madre>라는 곡을 시작했다. 기타의 베이스 음에 구슬픈 피리가 노래를 부르고 북소리가 울렁이며 온몸으로 스몄다. 오랜만에 와도 그 감동은 여전했다.

몇 곳을 더 둘러본 뒤 최종 목적지인 후후이로 향했다. 후후이는 살타보다 크고 차가 북적이는 도시다. 큰 도시에 온 만큼 저녁은 특별히 외식을 하기로 했다. 그동안 파스타 같은 간단식으로 허기를 달랬지만 한 번 정도는 현지식을 먹어주는 게 여행자의 도리라는 생각에서였다. 후후이 전통음식을 먹을 수 있다는 곳을 추천받아 들어섰다. 때 아닌 동양인들의 방문에 직원들이 분주해졌다. 스페인어로 써 있어 당연히 읽을 수 없는 메뉴판을 받아들곤 온 감각을 동원해 음식을 예측했다. 복불복 게임을 하듯 각자 마음에 드는 메뉴를 하나씩 고르고, 불안과 기대감을 함께 느끼며 음식을 기다렸다. 무난하게 먹을 수 있는 소세지부터 정체를 알 수 없는 고기(아마도 심장인 것 같았다)까지 한 상 가득 차려진 음식을 싹싹 비우고 나왔다.

- 매일 하는 일

여행이 며칠째 이어지자 이제는 말을 안 해도 모두 척척 자기 할 일을 한다. 일찍 일어난 사람은 점심에 먹을 샌드위치를 싸고 나머지는 미리 정해둔 순서나 일어나는 순서대로 씻고 다른 짐 꾸러미를 정리한다. 어제 먹은 맥주병도 꼭 챙긴다. 아르헨티나는 맥주병 값을 받아서 병을 가지고 가면 그만큼의 비용을 절약할 수 있다. 진형 오빠는 차를 점검하고 나머지가 짐을 싣는 동안 마지막으로 방에서 나오는 사람은 우리가 사용한 방, 화장실, 부엌을 꼼꼼히 살피고 나온다. 모두가 차에 타면 오늘 여정을 짧게 브리핑하고 길을 떠난다.

노래는 매일 돌아가며 선곡하고 중간에 멋있는 곳이나 궁금한 마을이 나오면 들러보기도 한다. 점심시간에 맞춰 길가에서 끼니를 해결하고 간식은 뒷자리 담당이다.

하루에 목표한 이동 거리를 달성해 다음 마을에 도착하면 안전한 곳에 차를 대고 두세 명이 내려 묵을 곳을 물색한다. 신기하게도 새로운 마을에 갈 때마다 다섯 명이 같이 묵을 수 있는 방이 어떻게든 생기고 가격 흥정도 잘해 조금 저렴한 가격에 숙소를 잡곤 한다.

"가위, 바위, 보!"

새 숙소에 도착하면 자리 정하기가 시작된다. 운전을 도맡아하는 진형 오빠는 열외. 이긴 사람 순서로 취향에 따라 자리를 하나씩 고른다. 1층이냐 2층이냐, 왼쪽이냐 오른쪽이냐, 문 근처냐 구석이냐. 큰 차이는 없지만 은근한 긴장감이 감돈다. 자리 선정이 끝나면 익숙하게 주방으로 들어가 물을 끓이고 스파게티 면을 담근다. 팬에 소스를 붓고 특별할 것 없는 재료를 썰어 볶는다. 잘 익은 면과 소스를 버무리면 우리의 소박한 저녁이 완성된다. 장을 보며 병을 주고 바꿔온 맥주도 곁들인다. 테이블에 둘러앉아 오늘의 위험한 순간, 멋있는 장면, 잊지 못할 기억까지 우리가 만든 일화를 나누고 내일의 일정을 확인하면서 하루를 정리한다.

매일 풍경이 바뀌고 잠자리도 바뀌지만 이마저도 일상이 되어가는 사이 서로의 컨디션을 챙기고 부대끼면서 서로가 더 돈독해지고 있음을 느낀다.

- 4일차: 기름도 은밀하게

연료 계기판에 빨간 불이 들어왔다. 하필 대도시 후후이를 한참 벗어나서였다. 우리나라처럼 주유소 건너 주유소가 있으면 좋으련만 이 동네 사람들은 차가 있는 게 맞는지 의심될 정도로 길 주변엔 나무와 들풀밖에 없다. 혹시나 하는 마음에 기차역과 버스터미널이 있는 마을에 차를 세웠다. 이 정도 규모의 동네라면 주유소가 있을 것이니 말이다. 예상대로 터미널에서 주유소의 위치를 안내 받을 수 있었다. 마을 안쪽으로 들어가 도착한 곳은 작은 가정집이었다. 주소를 몇 번이고 확인해도 확실히 이곳이 맞았다.

벨을 누르고 오빠들이 집주인과 몇 마디 나눈 뒤로 시간이 얼마나 흘렀을까, 집에서 나온 아주머니의 손에는 기름통 하나가 들려 있었다. 그 안에는 워셔액에 가까운 파랗고 투명한 액체가 담겨있었다. 아주머니는 망설임도, 펌프도 없이 기름통과 주유구에 호스 하나를 연결하더니 입으로 훅 불고 기름통을 위로 들어 차로 흘려

보냈다. 딱히 방도가 없어 그대로 넣고는 있었지만 누구도 이 액체가 기름이 맞다고 확신하는 사람이 없었다. '설마 터지겠어?'라며 담담하게 넘어가는 척해도 불안함은 여전히 남아있었다. 게다가 마약 거래라도 하는 듯 좌우로 흔들리는 아주머니의 눈빛이 우리를 불안의 구렁텅이로 이끄는 것 같았다.

다행히도 우리가 주유하는 동안 아무도 오지 않았다. 물론 자동차도 산을 오를 정도로 멀쩡했다. 다만 우리는 지금 기름 하나도 은밀하게 넣어야 하는 남미에 있구나 하고 상기했다.

- 미쳐버릴 용기

우리 중에는 '아, 이 사람 진짜 미쳤다!' 싶은 사람이 하나 있다. 바로 태규 오빠. 한국에서 다니던 회사를 그만두고 남미에서 장기 여행을 하는 태규 오빠는 내가 본 자유로운 영혼 중 세 손가락 안에 드는 사람이다. 여행의 동선이 꼬이더라도 보고 싶은 걸 보고 하고 싶은 걸 하고야 만다. 후지민박에서 보았을 때도 남다른 활달함에 놀랐는데, 이렇게 함께 다니니 확실히 남다르다. 분위기 메이커를 담당하는 오빠의 특기가 하나 있는데, 바로 극한 순간이나 풍경에서 웃통을 훌러덩 벗어 던지는 것이다. 아타카마 소금호수에서도 칠레의 해발 4000미터, 영하 10도를 웃도는 날씨에서도 웃통을 벗어 사진으로 남겼다.

"와, 미쳤어요?"라고 탄식과 감탄을 건네면서도 며칠 사이 우리도 슬슬 전염이 되고 있었다. 얼굴을 망가트리고 찍는 엽사를 즐기고 길바닥에 드러눕는 등 동작도 과감해졌다. 그러는 와중에 오늘의 목적지인 소금평원salinas grandes에 도착했다. 3500미터 고지대에 자리한 이곳은 우유니 사막과 같은 과정을 거쳐 생겨났으며 아르헨티나에서 가장 넓은 소금평원이라고 한다. 나를 제외하면 다들 아직 우유니 소금사막에 가보지 않아 감탄을 금치 못했다. 오래오래 소금평원을 거닐다 다른 사람들을 위해 내가 사진사를 맡기로 했다. 가지고 있는 소품을 동원해 사진을 찍다 문득 샤워 컷이 떠올랐다. 누군가 뿌려주는 물에 샤워를 하는 사진이었는데, 이런 것도 있

다고 말해주니 역시나 웃통을 훌러덩 벗었다. 웬일인지 평소엔 귀찮아하던 진형오빠까지 합세했다. 성공의 의미로 엄지를 척 들어 보이는 순간, 언니들과 눈이 마주쳤다. 언니들뿐만 아니라 내 눈에도 '해볼까' 하는 망설임이 차 있었다. 하지만 누구도 나설 용기를 내지 못하고 있었다.

그때 문득 느꼈다. 미치는 것도 꽤 용기가 필요하다는 것을. 원래 성격이 그렇다고 표현하기에는 부족했다. 그래서 용기를 내보기로 했다. 오빠들은 편하게 찍으라며 자리를 피해주고 우리는 차례로 옷을 벗었다. 벗었다고 말하기도 민망하게 어깨만 드러내는 정도였지만 그냥 관둘까라는 생각이 수십 번을 스쳤다. 그리고 드디어 모두가 성공! 사진은 잘 안 나왔지만 했다는 것 자체로 충분히 만족스러웠다. 가끔은 용기를 미쳐버리는 데 사용해도 괜찮은 것 같다.

다음날, 세차게 쏟아지는 폭포 앞에서 태규 오빠는 또 용자가 되어 웃통을 벗고 물로 뛰어들었다.

- 5일차: 마지막 밤

5일간 달려온 렌터카 여행의 마지막이자 보름여 동안 함께한 모두가 같이 보내는 마지막 밤. 이제 일부는 볼리비아로, 일부는 다시 살타로 그리고 또 그곳에서 각자의 일정에 따라 뿔뿔이 흩어지겠지. "이제 어디로 가?"라는 물음에 '끝'이라는 의미가 박혀 가슴이 아렸다. 저녁이 준비되는 동안 각자의 카메라에 담긴 사진을 나누며 서로의 시선을 공유했다. 아타카마부터 오늘 저녁까지 찍은, 15기가 바이트가 넘는 사진이 우리들의 시간을 대변해주는 것 같았다.

오늘 밤은 고기파티를 열려고 일부러 숙소도 바비큐가 가능한 곳으로 구했다. 그동안 돈을 아끼느라 자제해왔지만 헛헛한 마음을 채우고 마지막을 장식하기에는 고기만 한 것이 없다. 닭도 한 마리 사다가 백숙을 끓였다. 마당에 모여 화로에 불을 지피고 고기가 구워지는 동안 어색한 공기가 흘렀다. 빨리 고기를 먹으며 이 낯선 공기를 깨고 싶은데, 옆방에 묵는 아르헨티나 아저씨가 끼어드는 바람에 우리의 바비큐는 족히 세 시간은 소요되는 아르헨티나 식 아사도가 되어버렸다. 대신 빨리 익은 백숙을 곁들여 술잔을 채우고

앞으로 여행도 건강하고 즐거운 일들이 가득하길 기원하는 건배를 나눴다. 평소보다 많은 술을 먹고 든든히 고기로 배도 채웠다. 그래도 꺼질 듯 꺼지지 않는 화로의 불처럼 아쉬운 마음은 쉽사리 가시지 않았다.

아무도 깨지 않은 새벽, 떠진 눈이 다시 감기지 않아 혼자 마당에 나왔다. 불씨가 꺼져 있는 화로를 보니 괜히 마음이 찡했다. 그동안 여행에서 만난 사람들과의 헤어짐에 쿨해졌다고 생각한 건 큰 착각이라고, 헤어짐은 역시 힘들다고 뜨거워진 눈시울이 말했다.

볼리비아로 떠나는 언니들을 배웅하러 간 버스터미널에서 결국 눈물을 보이고 말았다. 오빠들은 영영 헤어지는 것도 아닌데 뭘 그러냐 하면서 애써 어색한 웃음을 지어보였다. 언니들을 태운 버스가 출발한 것을 확인한 후에야 우리는 터미널을 빠져나올 수 있었다. 셋이서 숙소로 돌아오는 길은 조용했다. 나는 허전하다는 말을 내뱉으며 허전한 마음을 소진하려 애썼다.

물론 조금의 불편도 있었지만 함께했기에 놓칠뻔한 광경을 볼 수 있었고, 즐거움이 배가 됐고, 살짝 미쳐버린 기분으로 여행할 수 있었다. 열 번이 넘는 낮과 밤을 보내고, 쏟아지는 별을 함께 세고, 거친 사막을 달리던 시간이 벌써 그립기만 하다. 아마 우리의 여행은 시간이 흘러 더 마음을 흔드는 여행에 자리를 양보할지도 모른다. 하지만 그렇게 터져버린 맹장처럼 잠깐 아팠다가 툭 잘라버릴 수는 있어도 오랫동안 남는 수술 자국처럼 영원히 기억되리라 믿는다.

아직 렌터카 여행은 끝나지 않았다. 살타로 돌아가기 전 우마우아카의 숨겨진 보물을 찾아 차의 시동을 걸었다. 우마우아카에서 하천을 건너 산길로 통하는 ruta73은 굉장히 험했다. 비포장도로인데다가 올라가라고 만든 길이 맞나 싶을 정도의 경사진 언덕도 있고, 고도 또한 순식간에 4300미터까지 올라 심장을 쉴 새 없이 콩닥거리게 만들었다. 고도가 높은 구간에 들어서니 등 뒤로 보물이 슬쩍 모습을 드러냈다. 우리는 목적지를 따로 정하지 않고 보물이 잘 보이는 곳을 찾아 한참을 들어갔다. 보일 듯 싶던 보물은 점점 멀어지더니 이내 사라졌다. 대신 작은 마을이 하나 나오더니 길이 끊어져버렸다. 사람은 보이지 않고 염소 떼와 라마 떼만 마을을 지키고 있었다. 길을 되돌아 가다가 발견한 표지판이 없었다면 다른 주로 넘어갈 뻔했다. 온 길로 한참을 달리다보니 아까 본 보물이 다시 시야에 들어왔다. 이만큼이 최선이구나 싶어 사진을 찍고 마을로 돌아가려는데 오는 길에는 보지 못한 갈림길로 차들이 올라가고 있다. 혹시나 싶어 우리도 언덕을 오르니 그 보물이 가장 잘 보이는 곳에 떡하니 전망대가 있었다.

그토록 찾아 헤맨 보물은 바로 오르노칼 산맥serrania de hornocal이다. 보물이라고 표현한 이유는 산 속에서 홀로 오색 빛깔을 뿜내기 때문이다. 몇백만 년 전부터 쌓인 퇴적물이 지각변동으로 노출되고 화학작용을 받으면서 만들어진 경관으로 각각의 색마다 암석의 성

햇빛이 비출수록 오묘한 색을 자랑하는 오르노칼 산맥.
탐험 아닌 탐험을 한 뒤라 더 값진 풍경이었다.

분과 쌓인 시기가 달라 이렇게 오색 빛을 내는 것이다. 햇빛이 비칠수록 오묘한 색을 자랑하는 오르노칼 산맥. 탐험 아닌 탐험을 한 뒤라 더 값진 풍경이었다.

환상의 짝꿍: 동행을 구하는 법

셋 이하의 소수 인원이 여행을 하다 보면 동행이 필요할 때가 있다. 단체일수록 싼 투어가 있다거나, 능력 부족으로 도움이 필요하거나, 밥 친구 혹은 말동무가 그리우면 동행을 찾게 된다. 국적이 상관없다면 사람들과 호스텔에서 몇 마디 나누다가 경로가 비슷하고 동행에도 동의하는 사람을 금세 구할 수 있다. 하지만 꼭 '한국인'과 함께 하고 싶을 때 한국인 동행을 찾는 몇 가지 방법을 소개하고자 한다.

1. 온라인 커뮤니티를 이용한다.

남미 여행 정보를 공유하는 온라인 커뮤니티(카페)에서 동행을 구할 수 있다. 내가 주로 이용한 커뮤니티는 '남미사랑'이라는 네이버 카페다. '동행 찾기' 게시판에서 조건이 맞는 글에 댓글을 달거나 글을 올려 동행을 구하면 된다. 가장 편하고 쉬운 방법이지만 동행에 대한 정보가 없는 것이 단점이다.

남미사랑 주소: http://cafe.naver.com/nammisarang

2. 한인이 많이 묵는 숙소나 한인 민박을 이용한다.

나라마다 보통 하나 이상의 한인민박이 있는 편이고 한인민박이 없는 도시라면 보통 한국인이 많이 몰린다고 소문난 호스텔이 있다. 후기만 몇 개 찾아봐도 쉽게 이런 유형의 숙소를 찾을 수 있다. 이곳에서 만난 한인 중 일정이 비슷하고 서로 동의가 된 일행과 함께 여행을 이어나가면 된다.

3. 카카오톡 오픈 채팅방을 이용한다.

언제, 어디서 시작되었는지 모르겠지만 중남미 여행을 준비 중이거나 여행 중인 한국인 여행객들이 모인 카카오톡 채팅방이 있는데, 이곳에서 동행을 구하면 된다. 내가 여행할 당시에는 중남미를 통틀어 채팅방이 하나밖에 없었고 최대 인원이 100명 정도였다. 최근에는 중남미뿐만 아니라 나라별로 방이 생겼을 뿐만 아니라 800명이 넘는 인원이 참여하고 있다고 하니 동행 구하기가 한결 수월할 것 같다.

*네이버 카페 남미사랑 가입 후 공지사항 확인

http://cafe.naver.com/nammisarang/

*페이스북 여행에 미치다 비공개 그룹 가입 후 게시글 확인

https://www.facebook.com/groups/travelholic1/

4. 이미 만난 적 있는 여행자와 연락한다.

가장 안전하고 편한 방법이자 추천하고 싶은 방법이다. 다른 도시에서 만나 같이 여행을 했거나 연락처를 공유한 사람에게 연락해 함께 여행을 이어가면 된다. 장기여행자는 정해진 일정이나 이동경로가 없는 경우가 많기 때문에 마음과 여행 스타일만 맞는다면 다시 동행이 될 가능성이 높다.

5. 건너건너

4번을 응용한다. 이전에 만난 사람들에게 동행을 소개받으면 되는데, 시간이 걸린다는 점과 가능성이 비교적 낮은 것이 단점이다.

혼자 하는 여행만큼 함께 하는 여행도 즐겁고 재미있다. 특히 한국인끼리 함께 다니면 소통이 편하고, 용기가 생기고, 입맛도 비슷해서 좋은 점이 많다. 그래도 꼭 지켜 주었으면 하는 것이 있다. 하나는 함께 한 여행자의 떠남을 인정해주기. '함께 시작했으니 끝까지 함께 해야 해' 식의 태도를 버리는 것이 중요하다고 생각한다. 둘째, 빈대 붙지 말기. 가끔 여자가 할 일과 남자가 할 일을 나눈다거나, 은근히 귀찮은 일을 미루는 사람들이 있다. 책임감에 있어 함께 하는 여행과 혼자 하는 여행은 크게 다르지 않다고 생각한다. 자신의 여행을 책임감 있게 이끌어가 최고의 여행이 되었으면 좋겠다.

제4부
돌아가다. 여행의 끝자락에서

8. 파라과이

짧지만 진한

한국으로 돌아갈 날이 정말 코앞으로 다가왔다. 아직 볼 것이 한참 남았지만 돈이 거의 다 떨어져 비행기 표를 버릴 수 없었다. 남은 날에 맞춰 살타에서 아웃 도시인 브라질 리우까지 가는 계획을 세워야 했다. 남미 여행자 대부분은 브라질에서 콜롬비아로 혹은 그 반대로 남미를 일주한다. 이렇게 살타에서 허리를 끊고 방향을 전환하는 일이 없는 탓에 길을 찾는 데 애를 먹었다. 지도상으로 가장 빠른 길은 파라과이인데 정보라고는 3년 전 자료 하나뿐. 그래도 어쩐담. 우선 가보기로 했다. 여정이 같은 태규 오빠도 함께했다.

- 깨어나, 감각세포들아

살타에서 버스를 탄 지 17시간. 잠시 들른 터미널에서 태규 오빠가 사준 빵을 하나씩 나눠 먹고 버스에서 아침으로 나눠준다는 커피를 기다리다가 잠이 들었다. "Clorinda! Clorinda!" 커피보다 먼저 나온 것은 우리의 목적지. 잠결에 허둥지둥 버스에서 내려 트렁크에서 짐을 꺼내는 동안 국경으로 가는 택시가 이미 우리를 맞을 준비를 하고 있었다. 홀린 듯 택시를 타고 아르헨티나와 파라과이를 가르는 국경에 도착했다.

아르헨티나 출국과 파라과이 입국 수속은 다리를 건너 받아야 해서 오랜만에 두 발로 국경을 넘었다. 택시기사와 얘기하다 뒤늦게 걸어오던 오빠가 "오, 나 걸어서 국경 처음 넘어봐!"라고 소리쳤다. 남미에 온 지 7개월째인데도 아르헨티나와 칠레에만 있어서 이런 경험이 처음이라고 했다. 택시기사와 얘기한 것도 국경을 넘어서 어떻게 다시 만나야 하는지 물어보고 있던 거였다. 문득 콜롬비아에서 처음 국경을 넘었을 때가 생각났다. 시시하면서도 참 설레고 두근거리던 순간이었다. 장기여행을 한답시고 꽤 많은 것이 익숙해지고 있었다. 그 익숙함에 속아 죽어 있던 소박한 행복의 감각이 오빠 덕분에 되살아났다.

무사히 넘은 국경 앞에는 커피를 파는 오래된 버스가 한 대 서 있었다. 아까 못 먹은 커피나 한 잔 하려고 다가섰다가 얼굴이 붉어졌다. 이 차는 커피 버스가 아니라 수도 아순시온Asuncion 시내로 들어

가는 버스란다. 말도 안 되는 커피 타령을 할 뻔한 것이 민망해 조용히 버스에 올랐다. 굴러가는 게 신기할 정도로 낡은 버스는 뒤쪽 작은 문 안에 가방을 싣고, 콩나물시루처럼 사람을 잔뜩 태운 뒤 출발했다. 버스 안에서는 알 수 없는 대화가 오고 갔다. 스페인어보다 현지어인 과라니어를 많이 사용하는 파라과이 사람들의 대화는 첫 여행 같은 낯선 설렘을 깨웠다.

버스를 타고 가는 길은 모두 습지였다. 지금 캄보디아에 와있나 착각이 들 정도로 넓은 습지에 울창한 나무, 한 번은 폭이 굉장히 넓은 강도 건넜다. 게다가 차 사이로 지나다니는 수십 대의 오토바이까지. 영락없는 동남아였다. 그동안 보던 안데스의 척박한 산지나 사막의 삐쩍 마른 모습과는 전혀 다른, 그래서 또 두근거리는 풍경이었다. 습지를 벗어나 시내에 들어서자 높은 건물과 화려한 저택 그리고 폐허가 된 건물이 뒤죽박죽 엉켜 있었다. 방치된 것 같으면서도 정갈하고 좀처럼 형용할 수 없는 분위기가 도시를 가득 메웠다. 분명 음산한데 색으로 표현하자면 삭막함이 느껴지는 잿빛이라기보다 궁금증을 유발하는 밝고 하얀 빛에 가까웠다. 말없이 창밖을 보던 오빠가 갑자기 흥미롭다는 표정을 하고 물었다.

"여긴 뭐하는 도시지?"

"오빠도 그렇게 생각했어요? 근데 왠지 좋지 않아요?"

"응!"

둘 다 고개를 갸우뚱하면서도 표정은 기대에 부풀어 있었다.

다음날 아침 일찍 센트로로 나왔다. 한 나라의 수도치고는 어딘가 어설펐지만 그마저도 매력적이었다. 공원을 어슬렁거리다 언저리에서 마테차를 파는 노점상을 발견했다. 나와 비슷한 나이로 보이는 아가씨가 무언가를 열심히 빻고 있었다. 발길이 저절로 그쪽으로 향했다.

노점상에서 파는 음식을 보면 주민들이 즐기는 음식이 보이곤 한다. 에콰도르에서는 밥과 감자튀김, 볼리비아와 페루에서는 엠빠나다, 아르헨티나에서는 아사도를 즐겨 먹었다. 이곳 파라과이 사람들은 마테차를 즐겨 마시는 듯하다. 영국의 티처럼 티포트에 우려서 따라 마시지 않고 항아리처럼 생긴 컵에 마테 잎을 가득 담고 물을 따른 뒤 잎이 들어가지 않도록 작은 구멍이 여러 개 뚫린 빨대를 꽂아 쪽쪽 빨아 마시는 방식이다. 어느 정도로 즐기는가하면 버거워 보이는 커다란 보온병과 컵, 빨대를 세트로 들고 다니며 물처럼 수시로 마신다. 마테차를 즐기는 또 다른 나라인 우루과이나 아르헨티나는 뜨거운 물을 들고 다니는데, 파라과이는 찬물에 마테차를 우려 마신다.

간밤에 익혀둔 과라니어와 손짓, 발짓을 동원해 마테차를 하나 주문했다. 그사이 옆에서 우리를 구경하던 할아버지가 다가와 늘어져있는 약초 중 하나를 골라주었다. 할아버지가 골라준 약초는 나무방아 안에서 짓이겨졌다. 스테인리스 컵에 마른 마테 잎이 쌓이고 그 안으로 짓이겨진 약초와 찬물이 스며들었다. 물에 담겨 있던 빨대 하나가 컵에 꽂히고 그 빨대로 마테차를 쭉 빨았다. 쌉싸름한

마테차와 향긋한 약초 향이 입을 지나 코를 치고 목구멍으로 넘어 갔다. 나 한 모금, 오빠 한 모금, 할아버지 한 모금, 다시 나 한 모금. 마테차는 오줌보가 터질 때까지 리필됐다. 자꾸만 웃음이 새어 나 왔다. 눈을 마주치고, 빨대를 나누고, 단어를 한 토막씩 엮어 대화를 이어가는 작은 순간이 소중하게 다가왔다.

스쳐지날 뻔했던 파라과이에서 소박한 순간을 느끼는 감각이 하 나씩 깨어났다. 그래서 단 3일이었지만 그 깊이는 진했다. 매 순간 큰 행복만 찾아오지 않기에, 늘 이렇게 감각세포를 깨워두는 연습 을 한다면 조금 더 행복한 일상을 살아갈 수 있지 않을까 생각했다.

– 한국인의 정

호스텔에서 멀지 않은 거리에 코리아타운이 있다기에 오랜만에 라 면도 사먹을 겸 길을 나섰다. 우연히 발견한 한국인 옷 가게에 들어 가 주인 아주머니에게 한인마트의 위치를 물었다.

"죄송하지만 라면 좀 사려고 하는데, 혹시 한인마트가 어디에 있 나요?"

"라면 요즘 다 동났다던데. 라면이 먹고 싶어서 그래?"

"아, 꼭 그런 건 아니에요. 아니면 괜찮은 식당이라도 추천해주실 수 있나요?"

아주머니는 "음……, 기다려봐! 오늘 미역국 좀 끓였는데 그거나 먹고 가"라고 하시더니 쿨하게 가게 뒤쪽으로 사라지셨다. 얼마 후

아주머니는 큰 냉면사발에 듬뿍 퍼담은 미역국에 밥을 말아 김치와 함께 내어오셨다. 우리는 생각지도 못한 상황에 몸 둘 바를 몰라 눈만 껌뻑이며 아주머니를 바라봤다. 부드러운 미소로 날 보지 말고 어서 먹으라는 아주머니의 말에 정말 며칠은 굶은 아이들처럼 흡입을 시작했다. 고기 육수로 깊게 우려낸 미역국에 윤기 나는 잡곡밥 그리고 잘 익은 김치는 여행하면서 절대 먹을 수 없었던 깊은 한국의 맛이었다. 늘 한국 음식이 그립지 않다고 자부해왔는데, 몇 개월 만에 맡은 고소한 참기름 냄새에 녹다운 돼 버렸다. 그 큰 대접을 순식간에 싹싹 비웠다. 정겨운 보리차에 커피믹스까지 내어주시려는 걸 겨우 사양하고 여러 번 고개를 숙여 감사의 인사를 드리며 나왔다. 우리가 무슨 복을 타고 났기에 이런 호의를 다 받는지 감사하면서도 얼떨떨했다.

한인마트는 멀지 않은 곳에 두 개나 있었다. 마트는 각종 면, 과자, 술, 건어물, 화장품 등 반가운 물건으로 가득했다. 생긴 지 2년 정도 된 OO마트의 주인부부는 한국인 여행객은 거의 파라과이를 안 온다며 우리를 신기해했다. 우리는 이곳의 한인마트가 신기한데 말이다. 마트에서 옷가게 아주머니에게 드릴 음료수와 약간의 식량 그리고 좋아하는 메론 맛 아이스크림도 골랐다. 계산을 하며 아주머니는 한국인은 늘 표적이라며, 본인도 여기 온 지 이틀 만에 오토바이를 탄 일당이 목걸이를 채갔다며 조심 또 조심하라고 당부하셨다. 그 한마디에 외국에서 살아가는 일이 녹녹지만은 않음이 녹아 있었다. 조심 또 조심하겠노라 약속하고 나오는 길에는 큰 한인

고기 육수로 깊게 우려낸 미역국에 윤기 나는 잡곡밥

그리고 잘 익은 김치는

여행하면서 절대 먹을 수 없었던 깊은 한국의 맛이었다.

교회, 한의원, 각종 한국어 간판, 한국 신호등까지 한국의 정취가 가득 묻어 있었다. 이곳이라면 한국에서 하던 일을 다 할 수 있을 것 같은 기분이 들었다. 자연스레 일정이 한국에서의 일상처럼 흘렀다. 빵집에서 곰보빵과 찹쌀 도넛을 사먹고, 영화관에서 <어벤저스>도 보고(한국어는 아니었다), 저녁으로는 매운 볶음라면에 조 껍데기 막걸리까지 해치웠다.

향수 찾기는 다음날까지 이어졌다. 자꾸만 떠오르는 짬뽕과 탕수육을 먹으려고 한인이 운영하는 유명한 중식당으로 한달음에 달려갔다. 문이 반쯤 열린 가게 사이로 바빴던 점심의 흔적이 그대로 남아있는 것이 보였다. 불은 꺼져있고 안쪽에서 인기척은 있으나 운영은 하지 않는 듯 했다.

"계세요?"

"저희 지금 브레이크 타임이에요."

"아……, 네……."

잠깐의 정적을 깬 건 주인분이셨다.

"여행하시는 분들인가? 뭐, 짬뽕 드시게? 해줄게요. 들어오셔."

"감사합니다!"

또 특별대우를 받았다. 안쪽 테이블이 치워지고 짬뽕과 탕수육이 그 자리를 채웠다. 음식은 유명한 만큼, 쉬는 시간을 내어 준만큼, 아니 그보다 훨씬 더 맛있었다.

어떤 마음일까. 이렇게 여행자에게 조건 없이 내어주는 성의란.

같은 한국인이기에 몸이 먼저 반응하는 것일까? 아니면 멀리 타국으로 이민을 왔어도 때때로 한국이 그리워 이런 마음 씀씀이를 불러일으킨 것일까? 그것도 아니면 한식이 그리워 이곳까지 찾아왔을 여행자가 안쓰러워서일 수도 있다. 하지만 이유가 뭐가 중요할까. 덕분에 향수에 목매지 않고 여행할 원동력을 얻었다.

9. 브라질

명불허전 이구아수

이구아수 폭포. 세계 제일의 규모를 자랑한다는 그곳을 몰랐다고 하면 믿을까? 한국을 떠나기 전, 아니, 남미에 도착하고 한참을 여행하고 나서야 이구아수 폭포의 존재를 알았다. "브라질의 하이라이트지", "나이아가라 폭포보다 굉장해"라는 극찬이 이어졌지만 제주도의 정방폭포가 내가 본 가장 큰 폭포였기에 그 규모를 상상하기란 쉬운 일이 아니었다.

브라질 이구아수국립공원으로 향하는 길. 기대가 큰 만큼 실망도 크다고 생각하며 가벼운 마음으로 출발했지만, 기대감 증폭 장치가 속절없이 작동하기 시작했다. 우선 이구아수'국립공원'이라는 말에 한 번, 브라질과 아르헨티나 양쪽 국립공원에서 봐야 할 정도로 크다는 말에 두 번, 입구 부근에서 굉음을 내며 돌아가는 헬기의 프로펠러 소리에 세 번 연달아 기대감이 폭발했다. 큰 동물원에서나 보던 사파리 버스 같은 2층 버스도 기대감에 한몫을 더했다.

꽤 오래 달려 도착한 곳은 하류 쪽 정류장. 축축하게 물기를 머금은 풀 냄새를 맡으며 산책로를 따라 강가 쪽으로 걸었다. 시원한 물소리가 들리기 시작하고 이내 산책로 너머로 황토색 강이 세차게 흘렀다. 멀리 보이는 폭포는 우선 개수부터가 남달랐다. 과장을 좀 섞자면 정방폭포와 천지연 폭포를 합친 후 100배 정도 불려 놓은 것 같았다. 한 단 그 위로 또 한 단, 얇게 그리고 굵게 제 멋대로 현무암 절벽을 따라 흐르는 폭포에 입이 절로 벌어졌다.

상류로 갈수록 아래로 힘껏 쏟아지는 물소리가 흐르는 물소리를 집어 삼켰다. 아슬아슬하게 절벽을 따라 설치된 데크 끝에서 드디어 악마의 목구멍을 영접했다.

"동네 사람들~ 아니, 세상 사람들~ 나와서 이것 좀 보세요. 어떻게 지구상에 이런 곳이 존재할 수 있냐고요!"

엄청난 양을 자랑하는 물은 사방에서 절벽 아래로 떨어지며 잘게 쪼개졌고, 쪼개진 물방울은 사람들을 적시거나 하늘로 날아갔다. 게다가 양쪽 절벽 사이로 무지개가 선명하게 떠오른 덕에 악마의 목구멍은 신비로움까지 자아냈다. 기대가 큰 만큼 실망이 크다는 말은 통하지 않았다. 오히려 기대를 더 크게 했어도 실망하지 않을 광경이었다. 브라질 쪽 이구아수는 별로 볼게 없다는 말을 들은

기대가 큰 만큼 실망이 크다는 말은 통하지 않았다.

오히려 기대를 더 크게 했어도 실망하지 않을 광경이었다.

적이 있는데, 그 말에 동의할 수 없었다.

다음날은 아르헨티나 이구아수를 보려고 셔틀을 신청했다. 국경을 넘어야 하기 때문에 시간과 비용을 고려한 선택이었다.

아르헨티나 이구아수로 가는 날 아침에는 영화 <레이더스> OST <The Raiders March>를 들으며 여행을 준비하면 좋을 것 같다. 하루의 즐거움이 배가 될 테니 말이다(이 글을 읽는 분들도 함께 들으면서 읽으셨으면 한다).

아르헨티나 쪽 이구아수는 여러 개 코스로 되어 있는데, 이곳에서는 내가 마치 탐험가가 된 듯한 기분이 든다. 하늘을 가린 축축한 나무 사이를 걸으며 폭포를 찾아 떠나는 시간. 폭포 소리 사이로 들리는 새 소리, 어슬렁 돌아다니는 이구아수의 무법자 코아티들 그리고 신비롭게 날아다니는 흰나비가 때 묻지 않은 자연이라 말하는 듯하다. 강가에 있는 폭포 말고도 숨어 있는 폭포들이 굉장히 많다. 하나하나 얼마나 개성이 있는지, 아무리 봐도 질리지 않았다.

아르헨티나 이구아수에는 탐험 정신을 자극할 수 있는 방법이 또 하나 있는데, 바로 보트 투어다. 남녀노소를 불문하고 사람을 가득 태운 보트는 맹렬하게 쏟아지는 폭포 쪽으로 가까이 다가가는가 싶더니 아예 폭포수로 돌진해버린다. 그냥 슬쩍 가까이 가는 척 하는 게 아니라 정말 돌! 진!

물의 무게감을 느끼며 홀딱 젖고 나면 그 짜릿함과 상쾌함이 하늘을 찌른다. 스페인어로 '하나'가 '우노', '더' 가 '마스'인데 보트에

탄 사람들과 일심동체가 되어 "우노 마스, 우노 마스"하고 "한 번 더"를 외치고 있노라면 마치 원주민이 된 것 같다. "우가, 우가!" 이렇게 말이다. 그럼 보트의 운전대를 잡은 추장은 신이 나서 폭포로 또 다시 돌진 한다. 다시 생각해도 온몸이 짜릿해진다.

흠뻑 젖은 몸으로 최상류를 향해 거슬러 올라갔다(물론 옷을 갈아 입고 싶겠지만 그러지 않는 편이 좋다). 상류에 도착하면 엄청나게 많은 흰나비가 먼저 반겨준다. 팔랑팔랑 날아다니는 나비가 신비롭게 느껴지기는 처음이었다. 나비들 사이를 헤치고 지나가면 강 위에 만들어둔 철창 길을 걸어 가야 하는데, 거센 물살에 흙탕물이 되어 버린 강물은 딱 봐도 악어가 살 것 같은 느낌이다. 그 길을 걷다 보면 하늘 높이 올랐던 물 입자가 얼굴에 내려앉기 시작하고, 점점 서로의 목소리가 들리지 않을 정도의 굉음이 귀를 장악해버린다. 이제 다 왔다. 악마의 목구멍 앞에 왔다.

보자마자 왜 이름이 악마의 목구멍인지 알아버렸다. 목구멍으로 빨려 내려가는 엄청난 양의 물이 너무나 경이롭다. 물보라가 절벽 끝을 차지해버렸기에 목구멍을 타고 내려간 물의 끝도 보이지 않는다. 물은 모두 바닥으로만 떨어지는 게 아니라 일부는 바람을 타고 거꾸로 올라 브라질에서 보다 직접 사람들을 흠뻑 적셔 버린다. 또 하나, 난간에 매달려 빨려 내려가는 물을 한참 동안 바라보고 있으면 몸이 점점 아래로 쏠리고, 저기로 뛰어내리고 싶은 생각마저 든다. 영화나 소설을 보면 자연 속에서 '나도 모르게 미쳐 버린다'고 하는데, 왜 그런 말이 나왔는지 이해가 갔다.

이구아수가 뿌리는 천연 미스트를 맞으며 거의 30분을 서 있었다. 살면서 이런 자연을 맞이할 수 있음에 감사하다는 생각도 하고, 여행 막바지에 이구아수라는 생일 선물을 받은 기분이 들기도 했다. 시간이 없어서 더 있지 못한 것이 아쉬울 뿐이다.

악, 망했다⋯⋯. 이제 다른 폭포는 성에 안 찰 것 아닌가. 정말 악마가 마법을 부렸나보다. 그래서 말인데, 이구아수에 꼭 다시 갈 거다. 꼭 그래야만 할 것 같다.

인정하자, 끝을

가방을 차지하던 옷가지는 버리고 점점 기념품으로 채워지고 있는 배낭과 그동안 고마웠던 사람들이 떠오르는 것을 보니 정말 여행이 막바지를 향해 가고 있음이 실감났다. 실제로 한국으로 떠나는 날이 손가락 다섯 개만 접으면 다가올 만큼 조금 남았다. 대도시인 상파울루나 리우보다 조용히 지낼 수 있는 동네에서 여행을 마무리하고 싶어 언젠가 다른 여행자에게 들은 작은 휴양 마을 파라치parati로 향했다.

밤이 늦어서야 도착한 파라치에서 한참을 돌다 다리 건너 마을, 해변 끝에 자리한 숙소를 겨우 구했다. 잠자리에 누우면서 나도 모르게 참아온 우울함이 터져버렸다. '끝'이라는 단어의 어감이 무서웠다. 그동안 좋았던 것들을 단숨에 삼켜버리는 힘이 '끝'이라는 단어에 있었다.

파라치에 머무는 동안 밤새 뒤척여 수척해진 모습으로 아침을 맞았다. 바다를 보며 모래사장에서 먹는 낭만적인 조식도, 배를 타고 먼 바다로 나가 수영하고 즐기는 호핑 투어도, 배터지게 새우를 먹을 수 있는 축제도, 시원한 계곡 물놀이도 눈에 잘 들어오지 않았다. 마을은 무슨 기념일이라며 들떠 있는데 그사이에서 나는 의미 없는 카메라 셔터질만 이어갔다. 몸도 마음에 반응했다. 갑자기 감기가 들고 수영하다가 귀에 들어간 물은 빠질 기미가 없더니 아예 자리를 잡아버린 듯 가렵고 멍멍했다. 근 한 달을 같이 다녀 내 상태를 눈치 챌 수밖에 없는 태규 오빠가 기분을 풀어주려 했지만, 되려 어색해져서 미안하고 괴로웠다. 이러려고 온 파라치가 아닌데 말이다.

내 안에서 시작된 우울이니 반드시 내 안에서 끝나리라는 것을 알고 있었다. 다만 지금 나에게는 혼자 있을 시간이 필요했다. 완전히 나에게만 집중할 수 있는 시간이 말이다. 결국 생각보다 일찍 파라치를 떠나기로 했다. 고맙게도 태규 오빠는 조심히 가라며 저녁 만찬을 선물했고, 다음 날 해가 뜨자마자 혼자 리우데자네이루Rio de janeiro로 향했다.

리우로 향하는 버스 안에서 이 우울의 근원을 찾아보았다. 단지 여행이 끝나가서 우울한 것일까? 아니었다. 그동안 나는 끝을 인정하고 있지 않았던 것이 문제였다. 이번 여행은 이틀 뒤면 확실히 끝이 난다. 더 머무를 돈도, 방법도 없으니 이번 여행은 여기서 끝이 나는 것이 맞다. 이미 정해진 일을 부정하고 원망하는 사이 우울이 덮친 거였다. 그렇기에 '끝'을 인정하기로 했다. 끝을 인정하고 지난 여행을 돌아보면서 담담하게 남은 날을 보내기로 마음먹고 나니 기분이 조금은 괜찮아졌다. 이 여행은 이렇게 끝이 나지만 어떻게든 다시 올 거라는 다짐도 기분을 푸는 데 도움이 되었다.

호스텔을 잡고 침대에 앉아 지난 다이어리를 모두 꺼냈다. 5개월 동안 세 개의 다이어리를 채웠다. 첫 번째 다이어리부터 펼쳐 찬찬히 읽어 내려갔다. 한국에서 적어온 남미 버킷리스트 중 절반을 이뤘고, 두 번째와 세 번째 다이어리에 새로운 버킷리스트가 적혔다.

많은 사람을 만났고 매일이 새로웠다. 벗어나고 싶을 때도 있었고 딱 이대로 영원했으면 하던 시간도 많았다. 빈 종이에 빼곡하게 적어둔 일기를 하나씩 읽는 동안 순간의 기억이 생생하게 살아났다. 세 개의 일기장을 모두 읽고 나서야 가벼운 마음으로 밖으로 나올 수 있었다.

유명하다는 아사이베리 아이스크림을 사들고 동네를 거닐었다. 생소한 포르투갈어 간판과 옷을 반은 벗어던진 사람들의 차림새가 '이곳이 브라질이다'라고 말하고 있었다. 이파네마panema 해변으로 걸음을 옮기는 사이 해는 바다 너머로 사라지고 황혼이 바다와 하늘을 가득 채운 개와 늑대의 시간으로 접어들었다. 은은하게 젖어가는 하늘과 가만히 누워 노을을 즐기는 사람들의 실루엣이 하나가 되어갔다. 신발을 벗고 아직 따뜻한 모래를 지그시 밟았다. 발가락 사이사이로 빠지는 모래의 감촉이 좋았다. 모래 위에 앉아 점점 변해가는 하늘을 멍하니 바라보다 문득 내 두 발이 눈에 들어왔다. 통통하게 살이 오른 발. 원래도 작은 발톱은 좀 더 깊숙이 파묻혔고, 발등은 샌들 부분만 쏙 빼고 검게 그을렸다. 그 못생긴 발에는 5개월간의 행복이 덕지덕지 묻어 있었다. 어떤 기념품과도 바꿀 수 없는 자취를 보니 기분이 완전히 풀렸다. 부서지는 파도 비트에 맞춰 들려오는 신나는 버스킹 음악에 몸을 흔들며 다시 행복한 김다영으로 돌아왔다.

마지막 하루를 가득 안다

온전히 남은 마지막 하루. 조식이 시작되기도 전에 숙소에서 나섰다. 다리가 아파 더 이상 못 걷겠다 싶을 때까지 걸으며 하루를 가득 채우고 싶어서였다. 숙소 앞 코파카바나^{Copacabana} 해변에서 하루를 시작했다. 바다 생활이 일상인 리우 사람들은 더 일찍 나와 운동을 하고 있었다. 웃통을 벗고 비치발리볼을 하는 사람들과 곧 죽을 것 같은 표정으로 체력을 짜내 근력운동을 하는 사람들, 이어폰을 끼고 물가를 따라 달리는 사람들 모두 영화의 한 장면 같았다. 역동적인 움직임 사이에서 관람객처럼 가만히 모래에 앉아 떠오르는 그날의 첫 햇살을 느꼈다. 햇살 맞기는 여행하면서 좋아진 일 중 하나다. 너무 덥지만 않으면 그늘보다는 해가 비치는 곳에 앉아 온몸이 차차 따뜻해지는 걸 느낀다. 그러다보면 기분이 차분히 좋아지곤 한다. 해가 모두 뜨고 나니 모래사장 끝에 있는 노상카페가 하나 둘 문을 연다. 가장 먼저 문을 연 곳에서 과일주스 한 잔을 시키고 다시 한참을 앉아 있다가 일어났다.

다음 목적지는 리우에서 가장 유명한 코르코바도 산 위에 있는 예수상^{cristo redentor}이다. 리우의 랜드마크이자 세계적인 순례지인 이 예수상은 리우가 포르투갈로부터 독립한 지 100주년을 기념하고자 세웠다고 한다. 정상에서 먼저 마주한 광경은 바닥에 허리를 대고 단체 윗몸 일으키기를 하는 광경이었다. 엄청난 크기의 예수상과 함께 사진을 찍으려면 이방법이 최선이었다. 다들 처음에는 눈치를 보다가 이내 포기하고 누워버렸다. 사실 이곳의 하이라이트는 예수님께서 바라보는 방향의 풍경이다. 도심에서부터 이파네마, 코파카바나 해변까지 한눈에 들어온다. 첩첩을 이루는 화강암 산봉우리와 만마다 자리 잡은 해변, 그 사이로 빼곡하게 박힌 건물의 조화를 볼 수 있다.

코르코바도 산에서 내려와 자연채광이 아름다운 메트로폴리탄 대성당과 칠레 예술가 호르헤 셀라론이 전 세계의 타일을 모아 붙여 만든 세라론 계단을 지났다. 그리고 모르는 골목과 공원 사이를 걷고 또 걸었다. 더워지면 근처 도서관이나 건물에 들어가 잠깐 땀을 식히고 다시 걸음을 이어갔다.

종착지로 선택한 곳은 높이가 400미터 정도 되는 화강암반인 설탕빵 산pan de asucar이었다. 정말로 마지막 일몰인 만큼 눈에 꾹꾹 눌러 담고 싶은 마음에 이파네마 해변과 이곳 중 어디를 갈까 많이 고민했다. 노을이 아름답기로 소문난 이파네마 해변을 놔두고 이곳을 선택한 이유는 그동안의 여행을 돌이켜보니 바다보다 산속을 헤맨 날이 더 많아서였다. 그 기억의 연장선에 마지막 노을이 있길 바랐다.

근처 편의점에서 맥주를 한 캔 사들고 케이블카에 몸을 실었다. 설탕빵 산은 콜롬비아 메데진에서 간 삐에드라 엘 페뇰과 꼭 닮아 반가웠다. 한 번 더 케이블카를 갈아타고 도착한 정상은 이미 인산 인해였다. 사람들을 틈을 비집고 들어가 겨우 해가 잘 보이는 자리를 잡았다. 높은 곳에서 보는 리우의 오후. 퇴근하는 차로 도로가 막히고, 하루를 마치고 돌아오는 배들로 항구도 가득 찼다. 저 멀리 아침에 다녀온 코르도바 예수상이 보이고 낮은 언덕 너머로 코파카바나 해변도 눈에 들어왔다.

해가 떠날 준비를 하며 강렬해 질 때에 맞춰 맥주를 꺼냈다. 도시에도, 항구에도 서서히 불이 켜지고 해는 갈수록 붉게 타오르며 뉘엿뉘엿 산을 넘어갔다. 순간, 어디서 시작되었는지 모를 환호와 박수 소리가 사람들 사이로 번졌다. 해에게 보내는 박수라니. 생각지도 못했던 이 낭만적인 엔딩은 남미에서의 마지막 하루를 보내는 나에겐 큰 선물 같았다. 온 마음을 담아 해가 완전히 사라지는 순간까지 박수를 이어갔다.

남미 안녕, 아스따 루에고 ^{Hasta luego}

해가 산 뒤로 완전히 넘어갔다. 함께 박수를 치던 사람들은 하나 둘 자리를 뜨고, 아직 그 자리에 그대로 앉아 있던 나는 감정이 북받쳐 눈물을 흘렸다.

"아, 더 있고 싶다. 남미가 정말 좋아서 떠나기 싫어!"

별빛이, 달이, 햇살이 좋았고, 자연이 경이로웠고, 사람이 새로웠고 모든 게 좋았다. 어제도 오늘 같고 내일도 오늘 같은, 단 하루처럼 짧게만 느껴지던 5개월이었다. 그 긴 하루 동안 적도를 지나고 안데스를 넘나들고 사막을 거쳐 남반구 저 끝에서 빙하도 보았다.

나와 묘하게 닮은 현지인들과 부대끼고, 배가 터질 때까지 열대과일을 먹기도 하고, 스카이다이빙, 푸콘의 활화산, 우유니에서 한복 사진 등 버킷리스트의 많은 부분을 이뤘다. 생각지도 못한 곳에 푹 빠져보기도 하고 기대하던 곳에 실망도 했다. 종종 여행과 일상의 경계가 모호해져가는 경험을 하기도 했다. 이름 모를 천사들에게 도움도 많이 받았고, 짧고 긴 대화를 나눈 좋은 사람들도 많이 만났다. 때때로 안 좋은 일을 당하고, 크게 다치고, 여권을 잃어버리기도 했지만 그 과정에서 다시 일어서는 법을 배웠다. 혼자서도 긴긴 여행 동안잘 지내준 몸과 마음에게도 고마웠다. 그리고 나에 대해 아주 조금은 알게 된 것 같기도 하다. "여행을 통해 성장해 훌륭한 김다영이 되었습니다"라는 소설 같은 엔딩은 없었다. 하지만 확실한 것 하나는 남미에서 나는 가장 나다웠고 반짝였다. 한국에 돌아가서도 이렇게 일상을 여행처럼 살아가기로 다짐하고 또 다짐했다.

가장 기억에 남는 곳, 좋았던 곳, 추천해주고 싶은 곳을 생각했을 때 딱 떠오르지 않는 이유도 하나하나에 소중한 모습, 분위기, 색 그리고 추억이 담겨 있기 때문일 것이다. 아직도 못 본 것, 보고 싶은 것이 많이 남았다. 여전히 더 느끼고 싶고, 또 어떤 새로운 세상이 남아있을지 궁금하다. 그렇기에 다음에 어디 갈 거냐고 묻는다면 다시 남미라고 대답할 자신이 있다.

언제일진 몰라도 꼭 다시 돌아올게. 아스따 루에고(다음에 또 보자). 우리 금방 다시 만나자.

언제일진 몰라도 꼭 다시 돌아올게.

아스따 루에고. 우리 금방 다시 만나자.

에필로그

짐을 맡기고 비행기에 올랐다. 차마 떨어지지 않는 발걸음을 간신히 옮겼다. 리우에서 샌프란시스코까지 몇 시간의 비행과 기다림. 그리고 다시 인천으로 향하는 비행기에 올랐다. 2층짜리라던 여객기의 1층은 닭장이 따로 없었다. 뒷사람의 숨소리가 들릴 만큼 앞뒤 간격이 좁고, 쾌쾌하고, 답답했다.

활주로를 거칠게 달려 비행기가 떠오름과 동시에 공포에 질려버렸다. 태어나서 한 번도 느껴보지 못한 두려움이었다. 멀쩡한 비행기가 금방이라도 태평양 한가운데 추락할 것 같아 인천에 도착하기 직전까지 제대로 잠을 자지도, 기내식을 삼키지도 못했다. 이유모를 이 불안감은 그 후로도 1년 정도나 이어졌다. 평소와 다름없이 생활하다가도 지하철이나 버스를 타면 두려움과 복잡한 감정이 몰려왔다. 생전 없던 멀미도 생겼다.

시차적응은 끝난 지 오래였지만, 공간 적응에는 번번이 실패했다. 여전히 남미 어딘가를 떠돌고 있어야 할 것 같았다. 그래서 한동안은 남미에서 찍은 사진을 정리하지 못했다. 사진을 보면 금방 무너질 게 분명했다. 같은 이유로 일기도 돌려보지 않았다.

외장하드와 일기장을 꺼내든 때는 돌아온 지 세 달 정도가 지나서였다. 어제 일도 제대로 기억 못하는 나인데, 벌써 세 달이나 지난 기억이 삼 분 전 일처럼 생생했다. 하루하루의 세세한 일과도 파노라마처럼 흘러갔다. 술술 넘어가던 일기의 마지막 장에서 일기장을 덮지 못했다.

'일상도 여행처럼'.

남미를 떠나기 직전에 한 다짐이었다. 여러 번 이 문장을 곱씹었다. 그 당시 무슨 생각으로 이 다짐을 했던가. 나에게 여행이란 무엇이었을까. 어떻게 일상을 여행처럼 살아갈 수 있을까.

그 물음의 끝에는 도전과 실행이 있었다. 이 여행에서는 유달리 처음 맞이하는 순간이 많았고, 그때마다 나는 도전을 아끼지 않았다. 사소한 것이냐, 중대한 것이냐, 성공이냐, 실패냐에 상관없이 그저 계속 부딪혀 봤다. 그 과정에서 살아 있다는 느낌을 받았고, 점차 여행이 더욱 특별하게 다가왔다. '일상도 여행처럼 살겠다'는 것은 이렇게 일상에서도 부단히 도전하고 실행하며 순간을 특별하게 만들자는 다짐이었다.

움츠렸던 어깨를 펴고 지금 이 일상 안에서 도전할 수 있는 것들을 고민했다. 망설이던 몇 가지 일 중 하나를 결정했다. 바로 독립출판. 남미에서 느낀 것을 글로 풀고 싶다는 욕구를 실행에 옮겼다. 원고 작성, 독립서적 출판 워크숍, 인디자인 강의, 제지 선택과 인쇄 공부까지 내 삶에서 마주할 거라 생각지도 못한 강의를 듣고, 새로운 분야의 세계를 맞이했다. 그로부터 3개월간 밤샘을 거쳐 40페이지짜리 독립출판 서적 『남미읽기: 콜롬비아, 에콰도르 편』을 출간했다. 『남미읽기』 출간은 독립서점에 책을 입고하고, 프리마켓에 참여하고, 강연에 초대되고, 신문사와 인터뷰하는 일로 이어졌다. 내 책을 읽고 남미 여행을 결심했다는 친구들이 생겨나고, 가끔은 전혀 모르는 독자에게 연락이 오기도 하면서 누군가에게 힘을 선사하는 사람이 될 수 있었다. 그렇게 일상을 여행처럼 살겠다는 다짐을 지켜나갔다.

졸업 준비를 하느라 1년의 학교 생활을 바삐 지나보내고 지난해 말 다시 펜을 들었다. 신기하게도 여전히 그때의 기억이 생생했다. 게다가 더 이상 남미에서 돌아왔다는 사실이 절망스럽지 않았다. 그곳에 내가 있었다는 추억 자체로 행복해하며 글을 썼다. 이번에는 독립출판이 아니라 더 많은 독자와 소통하고 싶어 출판사의 문을 두드렸다. 출판 기획서 작성법을 공부하고 여러 곳의 출판사에 메일을 보냈다. 번번이 죄송하다는 답변을 받으며 다시 독립출판으로 돌아설 고민을 하던 찰나, 감사하게도 처음북스와 연이 닿았다.

이제 이 책이 세상의 빛을 봄으로써 시작될 또 다른 여행 같은 일상이 무척 기대된다.

그동안 『남미읽기』후속을 기다리고 물어주신 독자분들, 응원해준 가족들, 달고 쓴 조언을 아끼지 않고 도와주는 홍윤경과 꿀스냅의 백종선, 『남미읽기』의 분위기를 담아낼 수 있게 도와주신 편집장님과 전유진 편집자님 그리고 처음북스 관계자 분들께 감사의 인사를 보낸다. 그리고 이 여행을 시작하고 무사히 끝낼 수 있게 하늘에서 지켜봐준 이모에게도 고맙다는 말을 전한다.